Voces del sur

VOCES del SUR is a **textbook** for Spanish students in college and advanced high school classes. **VOCES del SUR** contains our translation of the award-winning drama, **A PEASANT OF EL SALVADOR**, first written in 1981, and still being performed worldwide. The English edition of **A PEASANT OF EL SALVADOR** has been popular in college classrooms since 1984.

PRAISE FOR A **PEASANT OF EL SALVADOR:**

"It is indeed a rare occasion when the classroom and the dramatic arts fit so well together . . . my students will never think about El Salvador in the same way again . . . beautifully written."

Dr. Linda Parkyn
Professor of Spanish
Messiah College

"Disturbing . . . we are still feeling the impact."

Donald Nead
Campus Pastor
Purdue University

"An extraordinary work. Its impact on my students was tremendous . . . Combines good theater with social awareness in a unique blend of entertainment and instruction."

Dr. Barbara Lotito
Professor of Spanish
University of Connecticut

"The best performance we've **ever** had here."

Third World Society
Philips Exeter Academy

"A PEASANT OF EL SALVADOR" continues to get rave reviews from political liberals and conservatives alike . . ."

Bronwen Tudor
Executive Director, Forum A
University of Maine at Augusta

VOCES del SUR

(A Peasant of El Salvador)

by
Peter Gould
and
Stephen Stearns

(with related readings)

Translated and edited
by
José L. Martí
and
Robert Russell

WHETSTONE BOOKS
Brattleboro, Vermont

TABLA DE MATERIAS

SOME HISTORICAL NOTES

When we first began to perform our play, "A PEASANT OF EL SALVADOR," we had two intentions: to remember Archbishop Oscar Romero and the people who died at his funeral, and to tell a simple story of a man to an audience of North Americans, to tell some of the truth behind the confusing reports appearing in our news media. Events were happening quickly; new and passionate opinions were breaking out everywhere. As a writer, actor, and Latin American scholar, I felt that I should do my part to *inform* public opinion in my country. I was not looking into the future. I was upset about the present and the past. North Americans, I thought, do not understand their southern neighbors. They do not understand the tens of millions of Hispanics living among them. But they become suddenly interested, concerned, when a revolution looms on their southern horizon.

Stephen Stearns assisted me towards the end of the first performance on April 9, 1981. That was that: no more engagements scheduled. How could we have known that the civil war would continue, that the need for the play would grow stronger every year? How could we have known that for the next ten years colleges, secondary schools, churches, synagogues, and political organizations in 42 states would invite us to come and tell the story of the peasant Jesús in their community?

As of today, Stephen and I have performed "A PEASANT OF EL SALVADOR" 390 times. The English version of the play has gone through four printings totaling 12,000 copies. Nearly five hundred other audiences have gathered across the U.S. and in Canada, Puerto Rico, England, Scotland, and South Africa to watch the story presented by one of thirty other repertory companies .

As we have traveled, we have met hundreds of Salvadorans, Guatemalans, and Hondurans whose personal accounts have helped us sharpen the accuracy of our story. We've met hundreds of North Americans whose commitment has inspired us when we were tired and far from home. Most of all, we have *delighted* in seeing how many different forms this play can take—how it can change in other people's hands, and how it can change the lives of people it touches. "A PEASANT OF EL SALVADOR" truly has a life of its own.

"PEASANT" has been: a radio drama on "Cambridge Forum," a local-access TV play in Dallas, a twenty-minute street mime by a busker in Philadelphia, a school assembly by a group of teen-age girls in London, a Fringe Event at the Edinburgh Festival, a pamphlet in Japanese, the first-prize winner of a high-school acting contest in Vancouver, a seminar at the Harvard Divinity School, part of a mass at a Benedictine monastery, part of the curriculum of a hundred colleges. It has brought the history, culture, and people of El Salvador to rural secondary schools where no one speaks or teaches Spanish. It has been performed for eleven people in a private living room in Vermont and for 3500 students at a national youth gathering in Colorado. And now, thanks to José Martí and Bob Russell, it is a Spanish textbook as well.

> Peter Gould
> Brattleboro, Vermont
> October 22, 1990

A SPECIAL NOTE TO TEACHERS & STUDENTS: In Spanish as well as in English, "A Peasant of El Salvador" is meant to be performed. Your understanding of the language and content of the play will increase enormously if you stand up, walk around, and act it out. Try to think of the various movement qualities and varied voices the different characters would have. What gestures might a Salvadoran use to accompany the words you see written here? To really understand a spoken foreign language, it is important to get to know the culture within which it is spoken; one of the best ways to do just that is to become, through theatre, the people who really speak this language.

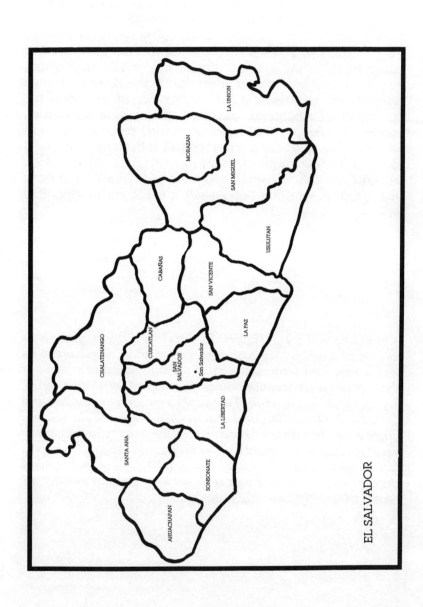

EL SALVADOR

PREFACIO DE LOS EDITORES

Al emprender la tarea de editar este libro, una ha sido nuestra principal motivación: ofrecer a los estudiantes una colección de textos que les ayude a comprender la complicada realidad histórica, social, cultural, política y ecónomica de los países hispanos.

El núcleo central de la obra es Un campesino de El Salvador, la constantemente representada y aclamada pieza teatral de Peter Gould y Stephen Stearns. Abundando en la misma temática, aunque desde diferente perspectiva, hemos añadido también cuentos de Horacio Quiroga y de Leopoldo Lugones, un ensayo de Carlos Fuentes, una opinión de Ronald Reagan, recortes de prensa y consejos sobre material didáctico. En las páginas finales incluimos Ejercicios, Lecturas Complementarias y un extenso Vocabulario. Los Ejercicios consisten en un cuestionario y unos temas a desarrollar por escrito o para ser usados en la clase como punto de partida de discusiones orales. Los ejercicios se centran en las nueve unidades de trabajo en que hemos dividido la obra, para comodidad de estudiantes y profesores, y en los cuentos. El cuestionario consta de preguntas de tipo meramente comprensivo. En la segunda parte hemos intentado incluir temas de contenido amplio que induzcan a contestaciones más elaboradas, profundas y analíticas.

Queremos expresar nuestro agradecido testimonio a Peter Gould y Stephen Stearns por su generosidad al permitirnos relacionarnos con su obra. Gracias también a Carlos Fuentes por la concesión de su permiso para incluir el texto de su ensayo.

J.L.M.

R.R.

UN CAMPESINO DE EL SALVADOR

*Un pueblito de El Salvador, sobre 1975. Un bastidor sugiere
una casa de barro. En primer término, dos taburetes sobre una
estera de paja. Colgando del bastidor del fondo, apoyándose en
él, o sobre los taburetes, varios utensilios: un machete, una
bolsa de cáñamo, unos sombreros de paja viejos, una palma del
Domingo de Ramos del año anterior, una pluma llamativa,
una escoba vieja.*

*En primer término a la derecha, una mesilla cubierta con
un paño blanco, flores y velas (unas encendidas y otras apa-
gadas) sugieren el interior de una iglesia humilde. En primer
término, a la izquierda, un atril con varios micrófonos; detrás,
una bandera de Estados Unidos. También a la izquierda, una
guitarra barata: sobre ella, una llamativa gorra de béisbol y
unas gafas de aros metálicos.*

*Entra Jesús al tiempo que se empieza a escuchar una mús-
ica. Jesús viste pantalones blancos de campesino y camisa.
Mientras se escucha la voz de Jesús, grabada también en la
cinta con la música, éste se pone un poncho viejo y un sombrero de paja, ofreciendo una imagen más viva del personaje.
Cuelga un poncho más nuevo y una bandana. Coge la escoba
y, cuando se dispone a barrer, se queda estático mirando al
público mientras se escucha su voz en la cinta.*

JESUS (*Su voz*): Yo tengo mi fe. Yo sé que ellos, que el
gobierno puede quitarme todo. Me puede quitar mi casa, mi
esposa, mis hijos, mi milpa, mi trabajo, mi vida. Pero tengo la
seguridad de que al fin hay una cosa que no me pueden quitar:
mi salvación. (*JESUS empieza a moverse y mira hacia los campos. Su mirada resbala sobre el público*). Miren allá arriba, en la
colina detrás de la casa: allí hay un pedazo de tierra que siempre fue mío. Voy a explicarles todo. Les voy a contar cómo lo
perdí.

(*JESUS barre la puerta de su casa. Se escucha música de fondo
de guitarra y quena andinas. Entra NARRADOR UNO. Viste
ropa de estudiante hispano. Es más urbano, más enérgico y
alto que JESUS.*)

NARRADOR UNO: No hace mucho tiempo, en un país tan hermoso como su nombre—El Salvador—vivía un hombre que se

1

llamaba Jesús.

Jesús era muy pobre. Vivía con su mujer, Concepción, quien a veces trabajaba con él en el campo, pero normalmente se quedaba atendiendo a las faenas de la casa. Tenían cinco hijos: cuatro ya bien crecidos, y el pequeño, Juancito, que nació siendo los padres ya un poco mayores. Otros tres hijos se les habían muerto antes de cumplir los dos años. Todos vivían en un pacífico y hermoso país, siempre verde y acogedor, ¿verdad, Jesús?

JESUS: ¡Ya lo creo! Aquí se puede vivir muy bien. Trabajando mucho, se entiende. No es tan malo ser pobre en el campo, donde uno puede cosechar su propia comida y respirar aire puro sin tener que trabajar para otro. Eso no es tan malo.

NARRADOR UNO: Jesús y su familia vivían en un pueblito llamado San Pedro El Pacífico. Ustedes pueden verlo aquí, con sus casas adosadas a estas bellas montañas que miran al mar. Jesús, vamos a enseñarles tu aldea a estos amigos.

JESUS: Sí, con mucho gusto. Ahí está la tienda de víveres. Es muy pequeña y la única que tenemos en el pueblo. ¿Ven ustedes ese rótulo en la puerta?

NARRADOR UNO (*al público*): ¡A Jesús le encanta el cartel! (*a Jesús*): ¿Qué dice el anuncio, Jesús?

(*Jesús no lo sabe*)

NARRADOR UNO: Eso es una pregunta con mala idea. Jesús no sabe leer. (*A JESUS*): TO-ME CO-CA-CO-LA.

JESUS: Sí. To-me co-ca-co-la (*señalando de derecha a izquierda*)

NARRADOR UNO: No, Jesús. (*Señalando de izquierda a derecha*) "TO-ME COCA-COLA."

JESUS (*dándose cuenta de su error*): ¡Ah, p'allá!

NARRADOR UNO: Ahí dentro se pueden ver las botellas de Alka-Seltzer y Vik Vaporube llenas de polvo.

JESUS (*entrando en la iglesia*): Esta es la iglesia del pueblo, adonde todo el mundo viene a rezar.

NARRADOR UNO: Más de una vez a la semana. Ahora estamos parados en la plaza. Bueno, realmente no merece el nombre de plaza. Hay una vieja fuente española, pero está seca desde que se fueron los conquistadores. En lo alto de este poste de la luz hay un aro de basket, sin malla.

JESUS: No tenemos ni luz ni electricidad.

NARRADOR UNO: ¿Qué dices?

JESUS: Que no tenemos luz.

NARRADOR UNO: !Ah! Que no hay electricidad. Ni en ninguno de los pueblos de por aquí. En la parte de atrás de la plaza hay cuatro o cinco casas hechas con ladrillo de adobe, o con barro y palotes, cubiertas de estuco, pintadas, enjalbegadas una vez al año. Ahí se pueden ver, siempre relucientes bajo el cálido sol tropical. Enfrente de cada casa hay un huerto tapiado. En su interior se puede encontrar quizá un pavo, un perro flaco, alguna gallina que otra, e incluso un gallo. (*Aquí NARRADOR UNO imita los contoneos de un gallo. JESUS pretende ver una gallina que está a punto de poner un huevo. Hace como que la*

3

toma en brazos, la acaricia y, por arte de magia, le saca un huevo que muestra al público.)

JESUS: ¡Hoy vamos a comer! (*Saliendo por detrás del telón*): Mira, Juancito, un huevo para vos. Estará sabroso . . .

NARRADOR UNO: . . . también habrá tiestos con plantas, un banco de piedra, un granado y un montón de zacate para los animales.

(*JESUS vuelve con una jarra de agua, desperezándose para desentumecer sus músculos cansados por el duro trabajo.*)

NARRADOR UNO: Cuando terminaba el trabajo del día, Jesús y su familia no tomaban su Chevy o su Toyota y se iban al cine. Tampoco se sentaban frente a la tele para ver tranquilamente un partido de fútbol. Ni siquiera se ponían a leer un libro. En El Salvador, más de la mitad de la población no ha tenido la oportunidad de aprender a leer. En cambio, se divertían entre ellos. Jesús, a la caída de la tarde, se sentaba en el banco de piedra, bajo el frondoso granado, y disfrutaba viendo a sus hijos jugar. La calle se convertía en el mejor de los estadios de fútbol.

(*Se escucha bullicio de niños jugando. NARRADOR UNO pretende ser uno de los hijos de JESUS. Corre, chuta, dribla, da un cabezazo, pide que le pasen la pelota, marca un gol, levanta los brazos en señal de triunfo*)

NARRADOR UNO: ¡Gooooooool de Peeeeeeeeeeelé!

(*JESUS saca un silbato del bolsillo. Pita estridentemente, como un árbitro.*)

JESUS: ¡Ni hablar! ¡Fue fuera! ¡Lo vi!

NARRADOR UNO (*todavía como HIJO*): ¡Papá! ¿Cómo que no? ¡Fue un gol más claro que el agua! ¡Todos los árbitros están ciegos!

JESUS: M'hijo, el pito nunca miente. Escucha. (*Pita otra vez.*)

NARRADOR UNO (*llevándose las manos a los oídos; después volviendo a su papel de NARRADOR*): A veces miraba a su hijo pequeño, Juancito, disparando su honda contra las estrellas, una a una, a medida que iban saliendo. (*NARRADOR UNO, en mimo, hace estos movimientos*). El cree a pie juntillas que si da en el blanco, una estrella caerá al polvo; él la lavará en el arroyo, la pondrá en su bolsita de paja y se la llevará en triunfo a su madre.

(*NARRADOR UNO toma un sombrero, gafas de sol y una guitarra y se convierte en MANUEL, mientras dice*): Algunas veces Manuel, el único en la aldea que tenía una guitarra medio decente, venía a estarse con Jesús y a cantarle algunas canciones. Era huérfano y, cuando volvía de la universidad, en vacaciones, la de Jesús era para él como su segunda familia.

MANUEL: ¡Jesús! ¡Compa! ¡Buenas tardes! ¿ Qué tal?

JESUS: ¡Manuel! Pásale.

(*Se abrazan*)

MANUEL: (*Saludando con la mano*) ¡Hey, Marta, María, Concepción! Vamos a armar un baile. (*MANUEL sugiere la presencia de la familia de JESUS a la derecha del escenario.*)

(*MANUEL empieza con los primeros acordes de "La Bamba."*

5

JESUS detiene la música sujetando con su mano las cuerdas de la guitarra.)

JESUS: Manuel, ¿vas a cantar hoy una canción nueva? *(Al público)* Siempre toca la misma.

MANUEL: Bueno, es un nuevo arreglo . . . de la misma canción. Escucha (*imitando a los rockeros gringos*): Uno, dos, tres, cuatro . . .

(Empieza con los primeros acordes de "La Bamba". A JESUS no le hace mucha gracia que MANUEL está todavía tocando la misma vieja cación que ni siquiera es de El Salvador)

MANUEL: Para bailar la bamba,
　　　　　para bailar la bamba
　　　　　se necesita una poca de gracia,
　　　　　una poca de gracia y otra cosita,
　　　　　¡Ay!, arriba y arriba.
　　　　　(*Se detiene de repente*)
　　　　　Jesus, a tí te toca. ¡Canta!

JESUS (*reacio al principio, pronto se entona dejándose llevar por la música*):

　　　　　Ya que soy campesino,
　　　　　ya que soy campesino,
　　　　　yo sé bailar . . .

LOS DOS: Yo sé bailar, yo sé bailar.
　　　　　Bamba, la bamba.

(MANUEL toca más rápido; JESUS baila con entusiasmo hasta que se cansa.)

JESUS: Ya pará.

　　　　　　♪　　♪　　♪　　♪

NARRADOR UNO (*riyéndose y quitándose lentamente el vestuario de MANUEL*): Pero lo que más placer le daba a Jesús era su pedazo de tierra. ¿La ven ustedes allá arriba, en lo alto de la colina que está detrás de la aldea? Había sido de su familia por casi doscientos años. Jesús amaba ese palmo de tierra; arar el mismo suelo que ya había sido surcado una y otra vez por generaciones de antepasados suyos. El no lo sabía, pero Victor Jara, el famoso cantante chileno había escrito una canción sobre un hombre justamente como él . . .

(*"El arado", de Víctor Jara, empieza a oírse, en cinta. Primero se escucha la música instrumental mientras JESUS, en pantomima, hace como que labra en la pronunciada colina. Después se oye la voz de Víctor Jara*):

Aprieto firme mi mano
y hundo el arado en la tierra.
Hace años que llevo en ella,
¡cómo no estar agotado!
Vuelan mariposas, cantan grillos,
la piel se me pone negra
y el sol brilla, brilla, brilla.
El sudor me hace surcos,
yo hago surcos en la tierra
sin parar . . .

NARRADOR UNO (*JESUS termina su pantomima*): La tierra de
Jesús estaba demasiado inclinada para ser trabajada con tractores. Pero eso no le importaba mucho a él. Usaba las herramientas sencillas de sus antepasados:el azadón, el pico, los
músculos de sus brazos, su fuerza de voluntad . . . ¡y mucho
sentido del humor! Jesús solía bromear sobre si los cuervos
vendrían o no a comerse su maíz. Anda, Jesús, cuéntales lo de
los cuervos.

JESUS: ¿Cuervos? Esos no se atreven a venir a mi huerta.
¿ Quieren saber por qué? Tienen miedo a caerse. (*Espera la
reacción del público, que no llega.*) ¡Eh, que es un chiste! ¿ No
lo han cogido?

(*NARRADOR UNO sale. JESUS, cambiando de gestos e incluso
de voz y quitándose el sombrero, se transforma en NARRADOR
DOS.*)

NARRADOR DOS: Sí, su tierra estaba demasiado inclinada y
llena de piedras, pero daba buenas cosechas porque el suelo
era de origen volcánico, el sol fuerte, y si no se excavaba demasiado profundo en primavera, las lluvias no arrastraban las
capas fértiles terraplén abajo.

En su pedacito de tierra Jesús cultivaba maíz. Pero no el
dorado, grande y sabroso al que a todos nos gusta hincar el
diente en los meses de verano. No. El de Jesús era ese maíz
raquítico y variopinto, de granos anaranjados, rojos, azules,
negros. De esa clase que, si creciera en nuestros huertos, lo
tiraramos a la basura o lo colgaríamos de la pared como
extraña curiosidad. Pero para Jesús y los suyos este maíz era la
vida. Tenía un doce por ciento de proteínas, y no era maíz

híbrido, lo que le permitía guardar las semillas de un año para otro y plantarlas una y otra vez. ¡Trata de hacer eso con maíz dulce y verás! Era resistente tanto a las sequías como a las fuertes lluvias y al sol abrasador, y siempre se podía contar con él sin necesidad de comprar caros fertilizantes.

De este maíz se hace una bebida requetesabrosa, o pan, o tortillas. Y cuando se le mezcla con frijoles negros, le da a uno todas las proteínas que necesita: maíz y frijoles. Y esta dieta contiene un bajo nivel de colesterol; es rica en "fibra" e hidratos de carbono, y es totalmente natural— ¿ eh, Jesús? Los salvadoreños hace más de mil años que siguen la dieta perfecta, mucho antes de que los nutricionistas les dijeran qué era lo que debían comer.

NARRADOR UNO (*volviendo*): Jesús no tenía suficiente tierra para cultivar las dos cosas: maíz y frijoles. Pero no le importaba. Los frijoles eran baratos por aquel entonces, cosechados y vendidos por los propios campesinos de allá abajo, donde la tierra era más llana. Allí uno podía sembrar en surcos bien largos, y tan rectos como las intenciones de los hombres que los hacían. Los labradores podían regar con las aguas que bajaban por las laderas de la montaña, o, si tenían dinero, podían permitirse el lujo de hacer un pozo y sacar toda la que necesitaran. Tenían tractores; podían trabajar en parcelas más grandes que la que tenía Jesús y más eficientemente que él. Así que por no mucho dinero Jesús podía comprarles los frijoles, ponerlos con el maíz y de esa manera Concepción, su esposa, podía servir una buena comida a sus hijos y aún sobraba un poco para los padres . . .

JESUS: Poquito.

NARRADOR UNO: . . . y no sufrían. Y las cosas . . .

JESUS (*interrumpiéndolo, tocándole en el hombro*):
Deciles la verdad.

NARRADOR UNO (*sorprendido*): ¿Qué?

JESUS: Sobre lo de sufrir.

NARRADOR UNO (*buscando la frase apropiada*): Esto . . .
Bueno . . . Me parece que lo que quiere decir es que es demasiado simplista afirmar que no sufrían. Comían una vez al día.

9

Quizá dos. Maíz y frijoles. Tal vez un pedazo de tocino. Probablemente una dieta rigurosa para los norteamericanos. Pero era rica en proteínas y esta gente estaba acostumbrada a ella. (*Mira a JESUS en busca de confirmación. JESUS asiente con la cabeza*). Bueno, al menos Jesús tenía tierra para cultivar maíz. Algunos de sus vecinos no tenían ni eso. Así que él se defendía, ¿verdad? Y las cosas podrían haber continuado de la misma manera por mil años más, como había ocurrido con sus antepasados, si una cosa no hubiera cambiado: el precio de los frijoles. Empezó a subir y subir poco a poco. Jesús no sabía por qué. El no se quejó. No era de los hombres que se quejan. Simplemente pensó para sus adentros:

JESUS: Debe de haber algo que yo pueda hacer para ganar dinero . . .

NARRADOR UNO: Entonces se le ocurrió. (*Los dos dan una palmada*). Dos o tres días por semana se levantaría antes del amanecer. Saldría de su casa, subiría por un camino de piedra serpenteante que iba más allá de su pedazo de tierra, hasta la parte alta donde la montaña se aplana; una meseta desde donde él podía ver el Pacífico, extendiéndose allá a lo lejos hacia el sur . . .

JESUS (*señalando*): Allí está. Mira que hermoso.

NARRADOR UNO: Viejo, ¿has estado allí alguna vez?

JESUS: No.

NARRADOR UNO: ¡Llevame algún día!

JESUS: Sí, algún día.

NARRADOR DOS (*mientras JESUS hace como si cogiera flores*): Este era su lugar preferido en el mundo entero. Y aquí crecía una gran variedad de flores silvestres que Jesús cortaba cuando las gotas de rocío estaban todavía frescas en sus pétalos. Las empaquetaba en una caja de cartón vieja, se echaba la caja a la espalda sujetándola con una cinta a su frente, y volvía cuesta abajo por el sinuoso sendero.

NARRADOR UNO: Era una caminata de quince kilómetros hasta la capital de la nación, San Salvador, y allí, en el viejo mercado, Jesús encontraba un puesto entre los otros vendedores reunidos allí para vender sus productos.

LOS DOS NARRADORES (*hablando por turno en cadencia*):
¡Cacahuates! ¡Lana! ¡Leña! ¡Melones! ¡Sandías! ¡Mandarinas! ¡Verdura! ¡Tortillas! ¡Plátanos! ¡Pescado frito! ¡Pan Bimbo!

NARRADOR UNO (*acercándose a alguien de la primera fila, entre el público*): ¡Cho-co-la-te! Mmmm ¡Caliente! ¡Sabroso!

NARRADOR DOS: Jesús se unía al coro con su pregón.

JESUS: ¡Flores! ¡Tengo flores! ¡Quién quiere flores!

NARRADOR DOS (*mientras Jesús actúa*): Algunas mañanas Jesús no iba al mercado. Pasaba cerca. Cruzaba la gran plaza donde se alzaba la catedral.

JESUS (*indicando una imaginaria torre de iglesia*): ¡Qué bonita!, ¿no? Un día de estos la van a terminar.

NARRADOR DOS (*mezclándose con el público como JESUS*):

Atravesaba la ciudad, subía a los barrios ricos, donde había grandes casas de estuco, detrás de los muros de piedra con pedazos de vidrio incrustados en lo alto. Y verjas de hierro desde las que se podían ver los deslumbrantes carros americanos. Jesús llamaba a las puertas.

JESUS (*entre el público, un poco intimidado, llamando con los nudillos en las butacas del pasillo*) : ¡Flores! ¿Quiere usted flores? (*Extendiendo la mano en espera de dinero*). ¿Para mí? Gracias. ¡Flores frescas! ¡Acabo de cortarlas! Gracias. ¡Son de la montaña!

(*JESUS se acerca a dos espectadores, golpeando humildemente con los nudillos en sus butacas, haciendo como que vende flores y acepta dinero.*)

NARRADOR DOS: Y cuando vendía toda su mercancía, cuando tenía un puñado de monedas, iba al mercado y compraba frijoles para su familia; entonces se volvía a andar los quince kilómetros de regreso a San Pedro el Pacífico.

NARRADOR UNO: El viejo no lo sabía, pero, algunas veces, después de salir de esas casas grandes y limpias, detrás de las cortinas de las ventanas, la gente se reía comentando lo barato que había vendido esas flores, recogidas con las primeras luces del día, y traídas cargadas a la espalda por el largo y retorcido sendero. Y decían: "Eh, un día de estos el viejo se va a dar cuenta." Pero los años pasaban, y Jesús seguía sin enterarse.

Entre tanto, el precio de los frijoles subía y subía. Pero Jesús no se quejaba. No era de los hombres que se quejan.

NARRADOR DOS: Pero aquella primavera, cuando bajó a los campos que había en el valle, descubrió por qué el precio de los frijoles había subido el 200 por cien aquel año.

JESUS (*mirando fijamente hacia los campos*): No hay frijoles por ningún lado. Hay piña, fresas, café, plátanos . . .

NARRADOR DOS: Hasta donde le alcanzaba la vista, no había sembrada ni una mata de frijoles. Vio muchos productos agrícolas de todo tipo, pero todos de la clase de comida que él y su familia nunca pudieron ni siquiera probar. Un capataz que trabajaba allí se lo explicó. Le llamaban "El Exigente."

CAPATAZ: No, viejo, ya no cultivamos frijoles. ¿Para qué

quieres los frijoles?

JESUS: Para comer.

CAPATAZ: Para comer, ¿eh?. Ahora comemos carne. Come carne; es la mejor proteina. Vos comés frijoles, por eso sos tan bajito. Oye, nuestros frijoles no eran tan buenos después de todo. Aunque, si quieres un saco de frijoles, ahora te puedo vender uno de gran calidad. Los importamos de Texas. California. ¡Producto U.S.A.! Los de allí son mucho mejores; los cosechan con máquinas. No, hombre, ya ves lo que cultivamos aquí ahora: caña. Míralo, míralo, hombre . . . (*da golpecitos a JESUS en el estómago*).

JESUS: Sí, caña.

CAPATAZ: La gente de Chicago, Massachusetts, Escarsdale, New York City, Cleveland Oheeo, (*nombre de la ciudad donde se represente la obra*), tienen un paladar muy delicado. Quieren su azucar de caña, sus guineos, su café, y especialmente sus fresas en invierno. Me pagan lo que les pida: incluso si les doblo el precio, siguen pagando sin rechistar. ¿Tú entendés de negocios? Sin café, abuelo, ¡la civilización de occidente llegaría al colapso total! ¡Ja! Así que, desde un punto de vista estrictamente económico, la elección no tiene vuelta de hoja. Puedo ganar vendiendo estos productos muchísimo más de lo que nunca conseguiría vendiéndote frijoles a ti. Además, tú no tienes suficiente dinero para pagarme lo que necesito ganar por mi trabajo. Pero oye, déjame decirte una cosa: algún día vas a necesitar un trabajo, ¿no? Cuando no tengas ni un centavo, ven a verme. Yo te daré trabajo.

JESUS: Ah, gracias. (*Le extiende la mano.*)

CAPATAZ: Por nada. (*No le estrecha la mano.*) Tengo que irme. Adiós. (*JESUS voltea su sombrero. CAPATAZ no se da cuenta. Hace mutis; vuelve inmediatamente como. NARRADOR UNO mientras JESUS se queda parado, perplejo.*)

JESUS: Ya no hay frijoles aquí. Hay caña, plátanos, café. Han cambiado mucho las cosas, ¿no?

꿈 꿈 꿈 꿈

NARRADOR UNO (*mientras JESUS sale*): Las cosas habían
cambiado. Jesús no lo entendía. En realidad no entendía
mucho de lo que pasaba en el mundo fuera de San Pedro el
Pacífico.

A Jesús le habían dicho que El Salvador estaba controlado
por catorce familias ricas, la oligarquía, estrechamente vincula-
das con los militares. Pero no sabía que esas familias habían
ganado su fortuna y poder aprovechándose de gente como él.

Pero ahora algunos de los campesinos estaban empezando a
organizarse para pedir cosas básicas que ustedes y yo conside-
raríamos derechos obvios: agua potable, viviendas decentes,
enseñanza, proceso legal, salario mínimo . . . Bueno, cuando
plantearon estas reivindicaciones a los representantes de las
catorce familias, éstas se asustaron. Pensaron que si permitían a
los campesinos cambiar, mejorar, no se conformarían con
seguir siendo campesinos, y entonces ¿quién trabajaría en sus
latifundios? ¿Cómo podrían las familias ricas mantener su
poder? Tenían miedo a perderlo todo. Así que compraron
tanques, ametralladoras, uniformes para sus soldados y helicópteros de combate. Todo esto, fabricado y vendido en su
mayoría por los Estados Unidos, cuesta mucho dinero. Por eso
estaban entrando en una economía de exportación para no
desequilibrar su balanza de pagos. ¿Saben todos lo que eso
significa? Bueno, quiere decir que allá abajo, en las mejores
tierras planas, ya no se cultivan el maíz y los frijoles, que sus
vecinos y amigos necesitan para comer. Ahora se cultivan cosas
más exóticas para otros que viven muy lejos, que tienen
montones de dinero para pagar lo que le pidan. Inteligente
economía, ¿no es cierto?

Jesús no sabía nada de todo esto. Tampoco sabía que las
catorce familias todavía estaban nerviosas. Tenían casi la totalidad de la mejor tierra del país. Pensaron: "Quizás no es tan
buena idea tener todo nuestro dinero invertido en tierra. ¿Qué
pasaría si lo perdiéramos por alguna clase de reforma agraria o
revolución? Decidieron industrializar rápidamente. Construir
fábricas. Pero no sabían cómo hacerlo en la manera apropiada.
Así que invitaron a consejeros estadounidenses a que vinieran
y les enseñaran a montar sus plantas industriales y a establecer
corporaciones. Cuando los consejeros hicieron las maletas y

regresaron a su país, muchas de las compañías eran propiedad, en gran parte, de corporaciones con cuartel general en Nueva

York o Texas. Las familias ricas estaban mejor que nunca: tenían sus cuentas corrientes en bancos suizos, casas en Miami Beach . . . En realidad vivían con una clase de lujo que nosotros, desde aquí, no podemos ni imaginar.

NARRADOR UNO (*presentando un cartel y señalando sus diferentes puntos a medida que habla de ellos*): Hicieron un trato con esas compañías extranjeras para que fuera beneficioso para ellas instalarse en El Salvador. Los recibían en el aeropuerto, los trataban como si fueran grandes dignatarios, los colaban sin pasar por la aduana, y les decían cosas como: "Bienvenidos a El Salvador. Si montan sus negocios en nuestro país, no tendrán que pagar impuestos los primeros diez años. Mantendremos bajos los salarios de los salvadoreños, entre 15 y 20 centavos la hora. Declararemos ilegales los sindicatos y las huelgas, y no pasaremos ninguna de esas estúpidas leyes sobre el medio ambiente que hacen tan difícil que las compañías obtengan un honrado beneficio. Nuestros trabajadores están muy agradecidos por tener empleo, y no les importa manipular gases tóxicos y productos químicos sin trajes protectores. Sabemos que ustedes tienen grandes depósitos en los Estados Unidos repletos con excelentes productos que allí han sido declarados ilegales, quitados de la circulación para el consumo de los americanos. Me refiero al DDT, a los Dalkon shield. Tráiganlos a El Salvador. Nos encantará vendérselos a nuestra gente. ¿Tienen también prohibida la venta de ropitas de niño inflamables? Mándenlas aquí. Tendrán gran aceptación en la región de Guazapa. Finalmente, nos damos cuenta de que para ustedes los americanos las elecciones parecen ser como el símbolo legitimador de la democracia. Muy bien. Convocaremos elecciones muy pronto, y frecuentemente, de manera que ustedes puedan volver a casa y decirle a su pueblo que El Salvador ha sido siempre, y continuará siendo, moderado y democrático.

(*JESUS reaparece, haciendo como que está en una cola de votantes ante un colegio electoral. Se acerca a NARRADOR UNO. El cartel tiene un taco de papel pegado a él y un lápiz colgando de un hilo. JESUS firma con una gran X y desprende el papel. Deposita su voto en la ranura que hay en el cartel y sale. El voto cae al suelo. NARRADOR UNO lo recoge, lo despliega, lo lee, hace una pelotita con él, lo tira fuera del escenario, por la derecha, y sale).*

NARRADOR DOS (*mientras JESUS vuelve a su milpa*): En cuanto a Jesús, trabajando allá arriba en su tierra, él no sabía nada de todo esto. Nada en absoluto. Todo lo que sabía era:

JESUS: Los frijoles están muy caros. Bueno, no importa, ¿eh? Tengo mi fe, y sé que si trabajo duro, todo va a cambiar.

NARRADOR UNO (*subiendo con prisa al pedazo de tierra de JESUS*): Las cosas cambiaron, ¡pero para empeorar! (*dice algo al oído a JESUS; éste se apresura a volver a su casa*). ¿Se acuerdan del hijo pequeño de Jesús, Juancito? Pues se puso enfermo. Una simple fiebre: sus hijos, sus hermanos o hermanas, se curarían en un día o dos. Pero para Juancito fue diferente; estaba malnutrido; su cuerpito estaba muy débil. No había medicinas. No había médico. La fiebre lo consumió . . . y murió. Esto fue un golpe terrible para Jesús. Juancito, el más pequeño de sus hijos, era su alegría. (*JESUS sale de su casa, despacio, con el sombrero en una mano y la honda con la horquilla de madera en la otra*): Nunca más, pensó, volvería a ver la sonrisa de su hijo.

JESUS: Nunca más voy a ver su sonrisa tan ancha . . . Ni lo veré jugando al futbol, o intentando cazar estrellas.

NARRADOR UNO: Cogió su último peso y se fue a la iglesia a ofrecer una vela, para acelerar la ascensión del alma de su hijito hasta el cielo.*

JESUS (*rezando*): Padre nuestro, que estás en los cielos. Santificado sea tu nombre . . . (*su voz se convierte en un susurro. Usa una vela para encender otra. La moneda suena al caer en el vaso de estaño*).

NARRADOR UNO: Jesús no era muy hablador. Pero cuando rezaba, la iglesia en silencio y la pacífica vela hacían que todo su sufrimiento le saliera del alma.

JESUS: Madre María, ruega por nosotros . . .

NARRADOR UNO: Dirigió sus plegarias al otro Jesús, al Hombre de quien tomó su propio nombre al ser bautizado.

JESUS: Jesús, allá en los cielos, haceme el favor de cuidar del alma de mi cipote Juancito, que seguramente está volando a tu lado. Y gracias por todo lo que me has dado en este mundo. (*Hace una pausa*). Pero no es suficiente. (*JESUS sale de la iglesia*).

NARRADOR UNO: Jesús se da cuenta ahora de que vendiendo flores no puede ganar suficiente dinero para alimentar a su familia. Así que un día le dijo a su esposa:

Cuando el sistema de luces del teatro lo permita, las luces del interior de la iglesia se encenderán y las generales se apagarán cada vez que JESUS entra en la iglesia.

JESUS (*mientras cuelga la tiradora en el bastidor de fondo*): Concha, regreso en una semana o dos con algo de dinero. Sí, voy a bajar al valle. El Exigente me va a dar trabajo. (*Se echa su saco de yute a la espalda y desciende hacia los campos del valle*). ¡Exigente!

(*NARRADOR UNO entra con sombrero de CAPATAZ.*)

CAPATAZ: ¿Qué pasa?

JESUS: Soy Jesús.

CAPATAZ: ¿Jesús? Ah, claro: negocios, ¿no? ¿Quieres frijoles?

JESUS: No. Busco trabajo.

CAPATAZ: Necesitás dinero, ¿eh?

JESUS: Sí.

CAPATAZ (*señalando abajo del escenario, a la izquierda*): ¡Allí! ¡Pronto!

JESUS: ¡Gracias!

CAPATAZ: Por nada, hombre. (*JESUS dudando*). ¿Qué pasa?

JESUS (*mostrando su bolsa*): Mi bolsa, ¿dónde la pongo?

CAPATAZ: ¡Carajo, hombre! ¡Ponla en cualquier sitio! ¡Estamos aquí desde las seis! ¡Vamos, pues! (*JESUS tira la bolsa al suelo y se apresura al trabajo. CAPATAZ la patea*). ¡Aquí no!

NARRADOR DOS: Así que pusieron a trabajar a Jesús (*JESUS, en pantomima, hace sus tareas*), cortando caña bajo un sol abrasador. Cargando camiones con pesados ramos de bananas. Trabajo duro para un hombre que envejecía a ojos vista. Pero

Jesús no se quejaba.

(*CAPATAZ vuelve, poniendo pequeñas cantidades de dinero imaginario en manos imaginarias, mencionando varios nombres. Paga a JESUS; inicia el mutis.*)

JESUS: Gracias. (*Entonces, mirando incrédulamente a su mísera paga*). ¿Esto es todo?

CAPATAZ: Eso es todo. (*Hace mutis, se quita el sombrero, vuelve.*)

NARRADOR UNO (*mientras JESUS se sobrepone al contra-tiempo, recoge su bolsa e inicia el camino de regreso a casa*): Quizá las cosas podrían haber alcanzado un cierto equilibrio otra vez; Jesús tenía algo de dinero, pero ahora estaba más tiempo separado de su familia, y Concepción estaba en estado. Un día, después de una semana o dos de estar separados, volvió a casa.

JESUS: ¡Concepción! ¡Conchita! ¡Aquí estoy! (*todavía sin recibir respuesta, buscando por todo el escenario*): ¡Concha! ¿Dónde estás? ¿Han visto a Concepción?

NARRADOR UNO: Jesús no lo sabía, pero ella había estado dando parte de su comida a sus hijos para que pudieran crecer sanos y fuertes. En su estado, no era una buena idea, y Concep-ción lo sabía. Pero no podía soportar verlos sin comer. Su sangre se debilitó; el parto vino antes de tiempo. Murió y el bebito murió con ella. (*Como si estuviera reaccionando a la noticia, JESUS cruza despacio hacia la iglesia*). Este no es un caso extraño en un país como El Salvador, donde siete de cada diez niños están hambrientos.

Jesús tomó uno de los pesos que había ganado allá abajo; fue a la iglesia y rezó por la salvación del alma de su esposa. (*Sale*)

JESUS (*murmurando la oración, encendiendo una segunda vela*): Padre nuestro, que estás en los cielos . . . Jesucristo, haceme el favor de cuidar del alma de mi esposa Concepción, que seguramente está volando a tu lado, que voy a extrañarla mucho . . . era muy buena gente . . . Yo siempre doy las gracias por todo. . .

(*NARRADOR UNO , preparándose para el papel de MANUEL,*

entra parcialmente, tocando la guitarra por lo bajo. La música es una respuesta celestial al ensueño de JESUS.)

NARRADOR DOS: Era la primera vez que Jesús oía algo en la vieja iglesia de piedra. Creyó oír una voz que le decía (*cambiando a una voz más profunda*): "Jesús. Estoy contigo. Estoy aquí."

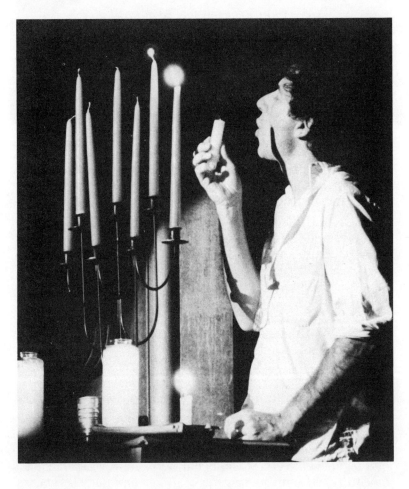

♪   ♪   ♪   ♪

(*JESUS hace como que está escuchando la voz, sintiendo que su fuerza lo penetra. Lleva una flor, quizás una rosa roja, a casa. La prende en el telón de fondo. Hace la pantomima de su trabajo con movimientos acompasados, como en una danza, con música de fondo de guitarra: arar, usar el azadón, sembrar, cortar flores, subir cuestas, cortar caña, cargar fruta, recibir un salario mísero en la palma de la mano. Sube a su casa y se deja caer en el taburete. Mientras todo esto*):

NARRADOR UNO (*con el sombrero y las gafas de MANUEL, todavía tocando la guitarra, ahora más dramáticamente*): No había nadie en el mundo a quien Jesús pudiera contarle sus penas. No podía hacer nada más que trabajar aún más, abandonarse a su trabajo de la mañana a la noche, doce horas bajo un sol abrasador, haciendo toda clase de menesteres, para llegar a su casa por la noche completamente extenuado. Manuel había vuelto de la universidad. Se había enterado de la muerte de Concepción. Vino a darle el pésame, por supuesto.

MANUEL: Jesús . . . Compa . . .

(*JESUS en el taburete, no responde*)

MANUEL: Jesús, he venido tan pronto como he podido. No sabía que estaba enferma. ¿Por qué nadie me dijo nada? Ni siquiera me he podido despedir de ella.

JESUS: Ni yo tampoco.

MANUEL: Dónde estabas?

JESUS (*señalando hacia el fondo del valle*): Allá abajo, trabajando.

MANUEL: ¿Trabajando? ¿Dónde?

JESUS: Para el Exigente. Cortando caña.

MANUEL: ¿Caña? ¿Por qué?

JESUS: Por dinero para comer.

MANUEL: ¿Qué pasa con tu milpa? ¿No fue buena la cosecha este año?

JESUS: No es suficiente.

MANUEL (*moviendo la cabeza con disgusto*): ¡Ay, Jesús! Cuando yo tenía siete años y me quedé sin familia, vine a la puerta de tu casa. Concepción me miró a los ojos. No tuve que decir nada. Ella sabía cómo me sentía. Me dio una tortilla y al día siguiente, cuando volví, me entró en la casa. Desde entonces fui como de la familia. Ella me cuidaba . . . Solía sentarme en sus rodillas y me decía: "Manuel, hay una chispa muy especial en tu mirada. Tú debes aprender a leer y a escribir. Ve a la escuela. Hazte un hombre de provecho ". . . Solía cantarme. Se inventaba las letras de las canciones . . . Si a mí me gusta tanto la guitarra, a ella se lo debo. No le importaba si yo tocaba bien o mal. "Canta Manuel, canta simplemente" ¿Y ahora esta gran mujer ha muerto porque no tenía suficiente comida? ¡Ay, Jesús! ¡Qué desgracia que una persona como ella muera tan joven! He estado rezando por ella y preguntándome por qué. Pero no encuentro ninguna respuesta. (MANUEL *se santigua*) . . .

Me quedaré un par de semanas. Te ayudaré con tu pedregal.

JESUS: No la llames pedregal, Manuel. Ya te lo he dicho muchas veces. Es mi milpa. Ha sido de mi familia desde hace doscientos años.

MANUEL: Lo siento. Ya sé que te prometí no volverla a llamar pedregal. Pero es un . . . un . . . pedregal. Y la palabra que yo uso para pedregal es . . . pedregal. Pero ya nunca más llamaré a tu pedregal pedregal. Lo llamaré "milpa con una hermosa vista panorámica". Desde allí arriba puedes ver las tierras llanas del valle. La gente allá abajo no se muere de hambre. Tiene más agua de la que necesita . . . tierra cultivable profunda . . . ¡tan profunda que puedes hacer un hoyo que te llegue a la altura de los sobacos!

JESUS: ¿Y para qué iba yo a hacer una cosa así?

MANUEL: Mira toda aquella tierra. ¿Qué está cultivando allí el Exigente, Jesús?

JESUS: Piña.

MANUEL: ¿Piña? ¿Tú comes piña?

JESUS: No, eso no es comida . . .

MANUEL: Bueno, tú deberías conseguir parte de su tierra . . . de la tierra que él no usa. Solamente un pequeño pedazo del tamaño de tu "milpa (*rápido cambio de idea*) con una hermosa vista panorámica", y podrías alimentar a todo el pueblo. ¡Tu maíz sería así de alto! (*poniendo la mano sobre su cabeza*).

JESUS: No, Manuel. Yo no puedo conseguir esa clase de tierra. Nadie puede.

MANUEL: ¿Por qué no?

JESUS: Quién sabe.

MANUEL: ¿Por qué crees tú que no?

JESUS: No lo sé.

MANUEL: ¿Lo has pensado alguna vez?

JESUS: Sí, no, sí . . .

MANUEL: Bien . . . ¿por qué crees tú que no estás allí abajo?

JESUS: (*pausa*) . . . Porque estoy aquí arriba.

MANUEL: Mira, ¿puedo hablarte de algo que he aprendido en la universidad? ¿Puedo, por favor?

JESUS: Sí . . .

MANUEL: Bueno, mira. Yo tengo un profesor que se llama Fernando. Enseña una asignatura que se llama LA HISTORIA DE EL SALVADOR. Tenemos un libro gordísimo. Y leemos página tras página; estudiamos las preguntas; nos pone un examen; y después nos lleva a tomar café y nos dice la verdad. Dice que toda la tierra que ves allá abajo era antes de gente como tú, hasta allá por los años 1875, 1880. Entonces fue cuando los cosecheros de café vinieron y se quedaron con todo. Poco a poco se fueron apropiando de la tierra y empujaron a la gente como tú aquí arriba, a las tierras "con una hermosa vista panorámica" . . . las tierras que ellos no necesitaban. Los campesinos empezaron a trabajar para los dueños de esas plantaciones, cultivando café hasta 1929. Entonces fue cuando hubo un terrible desastre en la bolsa de los Estados Unidos. El mercado se derrumbó y no pudieron endosar a nadie el café. Así que dejaron que la gente volviera a sus tierras. Pues bien, en 1932, algunos de esos campesinos se reunieron, fueron al gobierno y pidieron que les devolvieran sus antiguas pequeñas propiedades. Dijeron: "No podemos cultivar suficiente comida para nuestros hijos en los roquedales. ¿Cómo podemos continuar trabajando para ustedes si nos morimos de hambre? El gobierno contestó con una respuesta muy sencilla: el ejército. Echaron los soldados a la calle y masacraron a unos treinta mil campesinos en un par de semanas. Eso significa dos mil muertos por día . . . hombres, mujeres y niños. Les hicieron cavar enormes fosas; entonces los pusieron en fila junto a los hoyos, dispararon y empujaron los cadáveres dentro. ¿Y sabes una cosa, Jesús? ¡No hay ni una palabra sobre la Matanza en los libros de texto! Así que yo pregunté a algunos: "¿Por qué este evento histórico no está en los libros?" Y me contestan: "Porque nunca ocurrió". Y yo sigo: "¿Ah, no ocurrió?". Y ellos dicen: "Bueno, quizá ocurrió, pero no te preocupes, esa pregunta no saldrá en el examen". Y me dicen: "Mira Manuel, si sigues hablando de esas cosas, te van a volar la tapa de los sesos. No metás las narices más que en los libros. Aprendé las lecciones. Sacá buenas notas en los exámenes y te daremos un título. ¡Un título! . . . Ya . . . ¡Una licencia para practicar la pobreza! Para eso, podría haberme quedado en casa y no perder el tiempo: ¡Tendría un Master en Malnutrición exactamente igual que tú!

JESUS (*empezando ahora a sonreír*): Yo estoy bien, Manuel.

MANUEL: Ya lo sé . . . Pasarás de ésta. Oye, mira, el sol está luciendo. Todos seguiremos adelante. Escucha, te voy a cantar una canción.

JESUS: ¡Canta una canción nueva!

MANUEL: Una canción nueva, ¿eh? Escuchá. Dejá de barrer de una vez y escuchá. (*MANUEL intenta agarrar la escoba de JESUS para obligarle a parar y escuchar. Toca una canción alegre, con acompañamiento de "la-la-la"*).

JESUS (*a alguien del público*): ¡Es una canción nueva!

MANUEL: ¿Te gusta?

JESUS: Sí . . .

MANUEL: No es gran cosa. La compuse yo . . . (*continúa tocando y tarareando*) . . . (*se detiene de repente*). Todavía no tengo la letra . . . (*empieza a tocar otra vez* . . . *vuelve a parar*) pero algún día la tendré . . . (*continúa tocando y tarareando*). Es sobre un . . . un . . . es sobre un:

> Un chico y una chica
> Sentados a la luz de la luna.
> Ella es tan hermosa,
> Y él tiene tanta . . . hambre.
> Y mientras están sentados junto
>   al fuego
> El siente . . . que pronto . . . estarán
> . . . ¡Bailando! muy juntos, a la luz
>   de la luna
> Y ella está haciendo tortillas
> Con frijoles, y queso, y
>   huevos,
> Y una salsa que gotea, etc., etc.

JESUS (*interrumpiendo*): Manuel, si tienes hambre, ¿por qué no lo dices? Marta, dale a este joven una tortilla.

MANUEL: O.K., sólo una pequeña . . . ¡Claro que la quiero con salsa! Hombre, Jesús, mira a Marta haciendo esa tortilla, asando el chile en la lumbre . . .
Huele esa salsa . . . ¿Estás seguro de que es Marta, Jesús?

JESUS: Sí . . .

MANUEL: ¡Hay que ver cómo se parece a Concepción! Mirala. ¡Con qué rapidez hace las tortillas! Y cómo asa en la lumbre el chile.

JESUS: Sí.

MANUEL: Ha crecido. Ya es una hermosa mujer. Antes era (*indicando con la mano*) así.

JESUS: Eso es lo que le pasa a la gente, Manuel. Deberías levantar la cabeza de los libros de vez en cuando.

MANUEL: ¡Ah! ¿Sabe preparar la misma salsa marrón picante que Concepción solía hacer?

JESUS: Concepción le enseñó todo lo que ella sabía.

MANUEL: ¿Todo? Algún día será una buena esposa parà algún afortunado. (*Haciendo una pausa, esperando cómicamente que JESUS diga algo*).

JESUS: Claro. (*Cambiando súbitamente*). !NO! ¡MARTA, NO!

MANUEL: Eh, Jesús, esperá.

JESUS: ¡Marta, no!

MANUEL: Jesús, mirá: ella no tiene futuro en el pueblo. No puede aprender a leer ni a escribir. ¿Qué hay aquí para ella? Yo voy a terminar la carrera tarde o temprano. Me la llevaré conmigo a México. Encontraremos un bonito apartamento, tendremos hijos. Yo conseguiré un buen trabajo . . .

JESUS: ¿Con tu licencia para practicar la pobreza?

MANUEL (*como si le doliera*) : ¡Oh!. De acuerdo. Olvidate de eso, Jesús. Plan número dos. No, espera, escucha. Podría llevarla a Acapulco. Sí. ¡Acapulco! Conseguiremos una cabaña en la playa. Te lo prometo: mandaremos a buscarte. Vos te podés acostar en un petate y dedicarte a ligar bronce.

JESUS: ¿A qué?

MANUEL: A broncearte . . . ya sabés (*haciendo la pantomima hasta el último detalle*) , te das un poco de Coppertone, vos . . .

JESUS: ¡Manuel!

MANUEL: De acuerdo. Plan número tres.

JESUS: ¡Manuel!

MANUEL: ¿Qué?

JESUS: No comprendes nada. ¿Y vos has ido a la universidad?

MANUEL: Pues claro, ésa es la cosa, yo . . .

JESUS: Entonces, ¿por qué sos tan tonto todavía? (*Dándole un cachete en la cabeza*).

MANUEL: ¿Qué quieres?

JESUS: Desde que Concepción murió, no podríamos vivir sin Marta. Ella es el centro del hogar. Hace las mejores tortillas del pueblo. Si no estuviera aquí, ¿quién iba a dejar mi ropa tan blanca lavándola en las piedras de la cascada?

MANUEL: Por favor, Jesús. Dejá de pensar en vos mismo por una vez. (*Imitando la manera de hablar de Jesús*). ¿Quién va a dejar mi ropa tan blanca lavándola en las piedras de la cascada?

JESUS (*pensándolo*): ¡Quizá vos!

MANUEL (*afectando una gran ofensa*): Yo soy hombre. Tengo que irme. Hasta la vista.

JESUS: Sí, nos vemos.

MANUEL (*iniciando el mutis*): Nos vemos. Guárdala con cien ojos, viejo.

JESUS: ¿Eh?

MANUEL: El día menos pensado desaparecerá.

JESUS (*mirando hacia MARTA, quedándose inmovilizado con la escoba*): ¿Marta? ¿Cómo?

MANUEL: Sí, (*alargando la palabra*) desaparecerá. Una noche, vos habrás trabajado tanto, estarás tan cansado, te dormirás tan profundamente que ni un terremoto te podría despertar. Yo vendré con el Lincoln Continental Mercury Cougar Stingray Mustang más grande que se pueda imaginar . . . RRRUM RRUMMM, VUUM, SCREECH (*pantomima de puerta*) CRIIIK, SLAM. (*Silbando, después con voz apagada.*) ¡Hey, Marta! (*Pantomima de beso apasionado.*) ¡Shhhh . . . sube! (*Presentando el supuesto chófer a Marta*). Pepe: Marta. Marta: Pepe. Pepe: a

27

Miami Beach, ¡y no apartés los ojos de la carretera! (*El coche sale .MANUEL canta*) Para bailar la bamba, para . . . ¡Ay!

(*JESUS acaba de darle un escobazo por detrás, con todas sus fuerzas. Esto no es pantomima: un escobazo en el trasero en toda la regla*)

JESUS: ¡Andate!

MANUEL: ¡Ohhhh! (*JESUS le da otro escobazo*).

JESUS: No hablés así de mi hija.

MANUEL: Ki-ki-ri-ki . . . (*sale por el lado opuesto burlándose y haciendo rabiar a JESUS*).

JESUS: ¡Ya no más! ¡Andate! (*amenazando otra vez con la escoba, MANUEL esquivándolo juguetón*).

MANUEL (*mientras sale*): He conseguido que sonrías, viejo.

JESUS (*dándose cuenta de la broma*): Sí. (*Deja a un lado la escoba*) Ese Manuel habla mucho, ¿no?

♪ ♪ ♪ ♪

NARRADOR UNO O NARRADOR DOS: Como ven ustedes, estos dos hombres tenían muchas ideas sobre lo que Marta iba a hacer con su vida. Algunos hombres son así. Pero Marta tenía sus propios planes: quería hacer algo completamente distinto. Mientras tanto, había empezado a preparar a su hermana, María, para que se hiciera cargo de las tareas de la casa, y una noche fue a su padre y le dijo: "Papacito, me voy, si no te importa". Pero no para casarse, ni siquiera con un hombre bueno como Manuel. Marta quería irse a un pueblo cercano, a trabajar con las monjas católicas que acababan de llegar a aquella parte del país. Habían venido a distribuir comida, a enseñar a leer a la gente, y a ayudar a algunos de los pobres, quizás por primera vez en su vida, a sentarse juntos, a hablar de sus problemas, a mirarse cara a cara y decir: "Eh, nosotros también somos personas, aunque seamos pobres". Habían venido de lugares como Oklahoma, Detroit, Nueva Jersey, incluso Brooklyn, en Nueva York. Tenían la piel blanca, los ojos azules y el pelo corto; llevaban pantalones como los hombres—los pantalones impresionaron mucho a Marta. Ella quería ir a ayudar también, y Jesús le dio su consentimiento.

JESUS: Mirá qué bonita está. Con su mejor vestido blanco. Sí, Marta, ve con Dios. Está tan feliz porque va a ayudar a otra gente menos afortunada que nosotros. ¡Hasta pronto!

NARRADOR DOS (*mientras que JESUS se despide de MARTA, después le dice adiós con la mano hasta que se pierde de vista*): Bueno, si Jesús hubiera sabido lo que le iba a pasar, a buen seguro que no le habría dado permiso para ir. ¿Cómo iba él a saber que hacer la clase de trabajo que las monjas estaban haciendo, en ese país, en aquel momento, era contrariar al gobierno, era arriesgar la vida? Una noche poco después, Marta y dos de sus amigas se apretujaron en un pequeño Volkswagen con sus cajas de pan. Habían estado en una reunión de campesinos sin tierra. Estaba muy oscuro; iban conduciendo por un camino, junto a un precipicio. Delante de ellas había una gran roca bloqueando la carretera. Pararon el carro; se bajaron para ver si podan moverla. ¡Al instante, unos soldados del gobierno saltaron de detrás de la roca! Otros se escabulleron precipicio abajo: ¡Era una emboscada!

Había testigos escondidos en las sombras; oyeron al comandante gritar a sus soldados: "Muchachos, usen a las mujeres a su antojo." Vieron como Marta y sus dos amigas fueron violadas y después matadas como animales. Marta tenía sólo quince años. Vieron como despeñaban los restos del coche en llamas por el precipicio. Vieron a los soldados arrastrar los cuerpos de las mujeres, echarlos a un pozo de 150 pies de profundidad, y tirar luego un cartucho de dinamita para enterrar las evidencias.

Jesús oyó que su hija había desaparecido.

JESUS (*repitiendo la figura estática de antes*): ¿Desparecida? ¿Marta? ¿Cómo?

NARRADOR DOS (*mirando hacia la casa, los campos*): Eso fue todo lo que oyó. No pudo hacer nada por dos días: no pudo ni cortar flores, ni trabajar su tierra, ni comer, ni dormir. Finalmente hizo lo único que se le ocurrió que podría ayudar. Fue a San Salvador. Esta vez sin flores a sus espaldas. Fue a conseguir información. Del Comandante. Del coronel. Pero el coronel debía ser un hombre muy ocupado. Hizo esperar a Jesús siete horas, en el cuarto de afuera, mientras él continuó con los asuntos del día.

(*JESUS actúa lo que sigue mientras NARRADOR DOS habla. Baja del escenario, da unos pasos delante del público llevando una foto de Marta*).

JESUS (*a alguien del público, enseñándole la foto*): Es mi hija, ¿la conoce? (*A otro*). ¿Usted por qué está aquí?

(*Mientras JESUS deambula, CORONEL entra. Se sienta en el taburete de la izquierda, con las piernas estiradas, mordiendo un cigarro apagado, hablando por un teléfono imaginario. Su voz pasa de ser un murmullo a ser audible, de tranquila a acalorada y preocupada. La acción avanza rápidamente aquí*).

CORONEL: Sí. No me diga. Sí. Okay . . .

(*JESUS irrumpe en la oficina; esto es, llama en el otro taburete y espera humildemente*).

CORONEL (*irritado*): Sí. Más tarde. Ten-four. (*Cuelga. Mira a JESUS, sorprendido*). ¿Qué querés?

JESUS: Hablarle, mi coronel.

CORONEL: Decime.

JESUS: Esta foto es de mi hija, Marta. Hace dos días que está desaparecida. Dicen que usted tiene informes.

CORONEL (*buscando papeles imaginarios*): Ah. Ella era . . . Uh . . . Las monjas. Estaba con las monjas, ¿no?

JESUS: Con las monjas, sí.

CORONEL (*mostrando a JESUS unos papeles*): Hombre, tengo pruebas, aquí, papeles; estos son documentos capturados, hombre . . .

(*JESUS dice con gestos que no sabe leer*)

CORONEL: Estos papeles prueban que esas monjas con las que tu hija trabajaba son comunistas. Ahora bien, vos sabés cuánto odia a los comunistas la gente de este país. Mis soldados no son diferentes. Cogieron ese carro repleto de comunistas y tratando de pasarse a toda velocidad un control de carretera. Hubo intercambio de disparos. No tengo más información. Ejem. Mirá. Vos estás cansado. Yo estoy cansado. Ha sido un día muy largo, viejo. Ahora, si me dispensas, tengo que ir a una reunión muy importante.

JESUS: Es mi hija mayor.

CORONEL (*irritado*): Ya te he dicho que no tengo más información. Mira, si no la hubieras dejado salir de casa, ahora sabrías dónde está. Yo no lo sé, quizás esté en casa ahora. Andá a ver.

JESUS (*dudando, casi imperceptiblemente*): No sé qué hacer sin ella.

CORONEL: Mirá, tengo que irme. Aquí tenés (*ofreciendo a JESUS una moneda.*) Échate un trago. Andate a casa, dormí un poco, te vas a sentir mejor por la mañana. (*JESUS duda. CORONEL pone la moneda en su mano y le da un golpe*). Tomala, es tuya. (*JESUS la mira fijamente durante largo rato. La deja caer al suelo. Hace mutis*)

CORONEL: ¡Pues jodete! (*Se encoge de hombros y recupera la moneda. Se ríe.*)

NARRADOR UNO: El Comandante salió. Subió a su carro y manejó a su apartamento en la zona residencial. Y una vez allí, pidió a su sirvienta una cerveza.

CORONEL: ¡Eh, Teresa! (*desabrochándose la camisa*) Cerveza, pronto. (*Mirando a su imaginaria criada a la derecha del escenario*). ¡Dos Equis! (*Entonces, mirándose la barriga, y, como si oyera la regañina de la criada, sintiéndose culpable de su volumen*). No. . . . uh . . . okay. Una Miller Lite. (*Le tira la misma moneda que ha llevado en la mano durante todo este tiempo*). Eh, Teresa. Vení aquí. (*Acepta una imaginaria lata de cerveza. Le da una palmada en el trasero a la criada*). Es la hora Miller, la hora del merecido descanso, ¿no? (*Agita la lata. La abre con un pufft. Tira al suelo la anilla de la tapa. Bebe, eructa y se repantiga en el mismo taburete de la izquierda*)

(*NARRADOR DOS entra por detrás de CORONEL sin el sombrero ni el poncho de JESUS.*)

NARRADOR DOS : Se repantigó en su sillón reclinable de plástico y enchufó la tele:

TELEVISION (*NARRADOR DOS u otro actor, enmarcando su cabeza con los antebrazos*): Gracias, Señoras y Señores. Acaban de ver *Star Trek*. Nuestro programa fue presentado por COCA-COLA: "¡Disfrute la chispa de la vida!". Y por Walt Disney World: ¡Viaje al mundo asombroso de Disney! Y por Branif International: ¡Viaje a la alegría con Branif! Por RIGHT GUARD desodorante: ¡veinte y cuatro horas de protección constante! Y por las siguientes empresas multinacionales de productos farmacéuticos: Smith, Klein, Lily, Squib y Merck que les venden en San Salvador tetraciclina y otras medicinas que ustedes necesitan desesperadamente, por diez, veinte, treinta veces más de lo que les cuesta a los americanos allá en los Estados Unidos. Y ahora vamos a ver: ¡MISION IMPOSIBLE! (*Pantomima, con efectos especiales de sonido, violencia televisiva a discreción: sirenas, policías, carros, portazos, disparos, gritos, teléfonos, cuchillos, violaciones, carreras, puñetazos, sirenas; la violencia desborda el televisor, atacando a CORONEL; éste se ríe y apaga el televisor. Los efectos especiales se disuelven lentamente.*)

(*NARRADOR DOS hace mutis*)

CORONEL (*levantándose*): ¿Saben una cosa? Aquí lo tengo todo controlado. (*Eructa*). Todo lo que tengo que hacer es decirle al Tío Sam que estoy combatiendo contra esos comunistas, y me manda cualquier cosa que le pida: tanques, helicópteros, rifles (*golpeándose la barriga*) dinero para unos bocaditos, (*mirando el bote de cerveza*) buena cerveza en lata . . . (*hace como que apretuja el bote de aluminio con efectos de sonido. Lo tira por encima del hombro. Mira hacia la derecha del escenario*): ¡Teresa, otra! (*Se limpia la boca. Toma la segunda cerveza. Intenta pellizcar el trasero de la criada.*) Bueno, algunos dicen que un día de estos el Tío Sam se va a despertar y se va a dar cuenta del lío (*abre la lata con un pufffft. Tira lejos la anilla*). Se descubrirá el pastel. (*Sacude la cabeza*) ¡No se lo crean! (*Brinda por un miembro del público. Sacude la lata. La cerveza se derrama sobre su uniforme.*) ¡Ay, mierda! ¡Teresa!

(*Mutis de CORONEL*)

♪♪ ♪♪ ♪♪ ♪♪

(***Un campesino de El Salvador*** *es una obra en un acto. Este es el único momento apropiado para tener un descanso, aunque no es recomendado.*)

NARRADOR DOS (*mientras JESUS entra*) : En cuanto a Jesús, el hombre envejeció diez años aquella noche. Cuando llegó a San Pedro el Pacífico, el sol estaba ya en todo lo alto. Aún no sabía si Marta estaba viva o muerta.

(*JESUS se detiene un instante ante la iglesia, como si necesitara decidirse; entra, enciende una vela, reza.*)

JESUS: Padre nuestro, yo no sé si mi hija Marta está viva o muerta, pero si está muerta, favor de cuidar su alma. Yo siempre te doy las gracias por todo, pero favor de no mandar más calamidades.

NARRADOR DOS: Escuchó esperando oír voces, pero nadie le habló. (*Entra RAUL, llevando una camiseta blanca y limpia, retablo breve, entonces acción de labrar.*) Jesús tenía un hijo, Raúl. Era fuerte y callado, como su padre. El también tenía una milpa. (*NARRADOR DOS va al lado de RAUL.*) Cuando se enteró . . .

NARRADOR DOS (*hablando como un vecino*): ¡Raúl, tu hermana ha desaparecido!

RAUL: ¿Marta?

NARRADOR DOS/VECINO: ¡Sí! Anteanoche.

RAUL: ¿Dónde?

NARRADOR DOS/VECINO: ¡En la carretera de Usulután! ¡Andá a buscarla! ¡Tratá de averiguar algo, hombre! (*señalando a la derecha del escenario*)

NARRADOR DOS: Se fue a investigar. (*RAUL aparece entre el público, corriendo.*) Fue a la carretera por donde sabía que su hermana haba viajado.

RAUL: ¿Ha visto a mi hermana? (*A individuos entre el público.*) Se llama Marta. Estaba con las monjas.

NARRADOR DOS: Fue al último pueblo donde todavía había sido vista con vida. Nadie quería hablar con él.

RAUL: Soy Raúl, el hijo de Jesús. Vos me conocés. Su carro pasó por tu casa . . .

NARRADOR DOS: ¡Todos estaban demasiado asustados! Raúl fue a la última carretera por donde habían pasado.

RAUL: ¿Dónde está? ¿Por qué no hablan conmigo? ¿Fueron los Escuadrones de la Muerte? ¿Orden? ¿Mano Blanca? Díganme . . .

NARRADOR DOS: Hizo demasiadas preguntas; le preguntó a quien no debía. La Policía de Seguridad vino.

(*NARRADOR DOS sale por detrás del telón de fondo. Hace sonar el silbato de plástico de JESUS. RAUL ha subido al escenario. Se queda inmóvil—un eco de la pose del futbolista que vimos antes. Un foco lo aísla en su luz.*)

NARRADOR DOS (*como voces en off, amplificadas, POLICIA*): ¡ALTO! ¡VOS! ¡MANOS ARRIBA! ¡ALTO! ¡DOCUMENTOS!

RAUL (*Enfrentándose a soldados imaginarios*) : Me llamo Raúl. Soy de San Pedro. No, no tengo documentación. Estoy buscando a mi hermana. Estaba con las monjas, su . . . (*recibe un golpe en el estómago. Cae.*) ¡Uhh! (*Le dan una patada en la cabeza.*) ¡No! ¡Que alguien me ayude! (*Hace pantomima de ser arrastrado fuera del escenario.*) ¡Soy Raúl! ¡Estoy buscando a mi hermana! ¡Yo no he hecho . . . Ayyy! ¡Socorro, por favor! ¡Díganles que me conocen! (*Mutis de RAUL*)

NARRADOR DOS (*entrando como JESUS*): ¡Por preguntar! Ahora, por primera vez en su vida, un miembro de la familia de Jesús fue a la cárcel. Allí estuvo durante meses, encerrado en un sótano quién sabe dónde. Pero Jesús tenía el presentimiento de que todavía estaba vivo. (*JESUS va a trabajar a su milpa.*) Ahora había mucho más trabajo para el viejo: dos pedazos de tierra. Y mientras trabajaba bajo aquel sol de justicia, rezaba para que le devolvieran a Raúl . . .

JESUS (*mientras ara y cava*): . . . que lo necesito aquí, ayudándome con las milpas . . . es mucho trabajo para un hombre solo y viejo como yo, ¿no? . . . No puedo aguantar más. (*Al cielo*) ¿Escuchás? (*Gritando*) ¿Estás escuchando? (*Cruza el escenario, se detiene.*)

NARRADOR DOS: Pero siempre le daba la impresión de que no había nadie que lo escuchara. Nadie que oyera el lamento de los pobres. Por fin una noche fue a la iglesia . . . Prometió que nunca volvería a pedir otra merced.

(*Mientra JESUS entra en la iglesia a la derecha del escenario, Raúl, en silencio, en luz tenue si es posible, es empujado a escena por la izquierda. Va a descansar al taburete de ese lado. Su camisa está manchada de sangre y sus manos las lleva atadas a la espalda.*)

JESUS (*en la iglesia, encendiendo una vela con gesto cansino*): Padre nuestro . . . Yo te juro que no te voy a pedir ni una cosita más. Solamente esto: Devolveme a Raúl.

NARRADOR DOS: Quizas un milagro sucedió aquella noche; quizás alguien estaba escuchando, porque al día siguiente algo inusitado ocurrió en El Salvador.

(*Entra CARCELERO, puede ser otro actor o estar representado por un rápido cambio de voz de NARRADOR DOS.*) *

CARCELERO (*batiendo palmas con estruendo*): ¡Levántate! ¡Despierta! (*Hace como que desenvaina un cuchillo. Raúl retrocede aterrorizado. Con un rápido movimiento de cuchillo, el CARCELERO corta las cuerdas a la altura de los pulgares de Raúl*) Puedes irte.

(*RAUL retrocede frotándose los pulgares.*)

CARCELERO: ¡Vete! (*empujándolo hacia una puerta imaginaria; de repente lo detiene*) ¡No digas nada de lo que pasó aquí!

RAUL (*en un susurro*): No.

CARCELERO: Y la próxima vez . . . (*hace gesto de cortar el cuello*).

RAUL: Sí.

CARCELERO (*Con miedo*): ¡Antes de que vengan! (*dóndole un golpe en la espalda, empujándolo hacia un lateral*): Buena suerte.

(*Los dos hacen mutis. RAUL, cuando sea posible, cayendo del escenario escaleras abajo.*)

NARRADOR DOS (*entrando rápidamente como JESUS, se sienta en su taburete*): Raúl estaba muy pálido y cansado; cojeaba visiblemente. Pero las cicatrices que más dolían las llevaba por dentro. Jesús estaba sentado en su banco de piedra, a la sombra del granado . . .

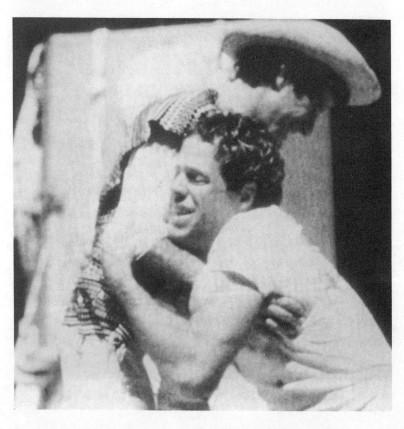

RAUL (*viniendo al escenario por entre el público*): ¡Papá!

JESUS: ¡Hijo! (*Se abrazan; JESUS dando las gracias al cielo con la mano.*)

(*El abrazo de JESUS abre una de las viejas heridas de RAUL.*)

* *Cada vez que NARRADOR DOS interpreta el papel de JESUS, lleva su sombrero; en las otras ocasiones, no.*

RAUL (*separándose, volviéndose hacia la casa*): ¡Marta!

JESUS (*volviéndose hacia el otro extremo del escenario, aturdido*): ¡No!

RAUL (*entrando en la casa*): ¡Marta!

JESUS (*para sí*): No digás Marta.

RAUL (*volviendo preocupado*): Papá, ¿dónde está Marta?

(*JESUS no lo mira.*)

RAUL (*sacudiéndolo*): Papá, ¿dónde está Marta?

JESUS (*sin poder contestarle. Finalmente*): Nunca regresó.

RAUL: ¿Eh?

JESUS: Desapareció.

RAUL: ¿Qué?

JESUS: Nunca volvió. Hace mucho. ¿No sabías?

(*RAUL se vuelve y se separa.*)

JESUS (*a un espectador*): No lo sabía.

(*JESUS mira acusadoramente al cielo.*)

RAUL (*después de una pausa, volviendo a la casa*): ¡María!

JESUS (*mirando a lo lejos, asintiendo con la cabeza en silencio, como si comprendiera lo que está a punto de pasar*): Sí, María sí está. Está p'allá adentro María.

NARRADOR DOS: Raúl encontró a su otra hermana en la casa. Hablaron en voz baja, metieron unas pocas cosas en una bolsa y se fueron, juntos, a unirse al grupo rebelde que estaba organizándose y luchando en las montañas del norte . . .

RAUL: Hasta la vista, papá. (*RAUL y JESUS se abrazan.*)

JESUS: Buena suerte, hijo. María, andá con Dios. (*JESUS abraza a hija imaginaria.*)

NARRADOR DOS (*mientras Raúl—solo al fondo del escenario, o con Mará si una actriz la representa—hace pantomima de marcha y adiestramiento militar*): No querían tener que hacerlo. Habrían preferido quedarse en casa, cuidando de los niños, de su pedazo de tierra, de las cuatro cosas que tenían, jugando al futbol en la calle. No querían tener que hacerlo. Pero igual que ocurriera a otros antes que a ellos, en Cuba, en Nicaragua, hermano y hermana emprendieron el difícil camino a los campamentos de montaña de los rebeldes. No querían tener que hacerlo. Eran personas exactamente igual que ustedes (*al público*), y muchos de ellos de su misma edad. Tenían sueños, ambiciones. Pero ahora, después de lo que habían visto, no tenían opción; vivían en un país gobernado por el terror institucionalizado. Se fueron para aprender a defenderse, a sobrevivir en la selva; demasiado sabían ya como vivir con lo mínimo.

No querían tener que hacerlo.

Y mientras tanto, muy lejos de allí, en Washington, un alto cargo del gobierno estaba dando una conferencia de prensa.

(*Mutis de NARRADOR DOS*)

(*Entra PORTAVOZ DEL GOBIERNO, con traje y corbata, llevando una cartera con documentos o un fajo de papeles. Habla con una voz monocorde, por el micrófono que hay en un atril.*)

PORTAVOZ: Buenas tardes. Me alegro de ver tantas caras conocidas. Por favor, absténganse de hacer preguntas por el momento. Las aceptaré más tarde, gracias. El asunto del día es El Salvador. Ahora tenemos abundantes e irrefutables pruebas de que guerrilleros comunistas están cruzando en ambas direcciones la frontera de Nicaragua para ser especialmente entrenados en sabotage y otras tácticas terroristas. Todos los días estos guerrilleros izquierdistas, después de haber sido adiestrados, vuelven a casa para cometer nuevas atrocidades contra sus compatriotas. Esta es una acusación muy seria y ya sé que ustedes querrán evidencias documentadas para sus periódicos. Así que, si alguien apaga las luces, por favor, les voy a mostrar unas transparencias, algunas de ellas tomadas recientemente en las inmediaciones de, uh, (*nasalmente*) el volcán

Guazapa. Luces, por favor. (*Oscuro*)

PORTAVOZ: Muchas gracias. ¿Podemos ver la primera transparencia, por favor?

(*JESUS entra en la oscuridad y se inmoviliza en su ya conocida pose del arado. El proyector empieza a funcionar con un clic, enmarcando a JESUS en un cuadro de luz que se corta a la altura de sus rodillas.*)

PORTAVOZ: Gracias. Aquí vemos la fotografía de un guerrillero comunista adiestrándose a las afueras de Managua, en Nicaragua. Pueden ver que está en posición de ataque. La siguiente, por favor.

(*Oscuro. Jesús cambia a la postura de cavar. El proyector vuelve a funcionar con otro clic.*)

PORTAVOZ: Esta transparencia es de un comunista subversivo salvadoreño. Se habrán dado cuenta de que lleva una camisa de estilo cubano, y que también va equipado con armamento de fabricación soviética.

(*Oscuro. Jesús cambia a postura de hacer hoyo con pala para plantar. El proyector vuelve a funcionar con otro clic.*)

PORTAVOZ: Aquí vemos a uno de los rebeldes, un terrorista, volviendo a casa y atacando a un bebito inocente. Fíjense en eso. (*Pausa. Fijándose*) El . . . uh . . . el bebito está justo debajo del encuadre de la transparencia. La siguiente, por favor.

(*Oscuro. Jesús cambia a la pose con las flores en el mercado. El proyector vuelve a funcionar con otro clic.*)

PORTAVOZ: Esta es la toma de un campesino vendiendo flores en el mercado de San Salvador. Parece una escena inocente, pero tenemos información de que este pobre viejo es forzado a vender esas flores para ganar el dinero del seguro revolucionario, que tiene que pagar, todas las semanas, a los cabecillas terroristas. Muchas gracias. Eso es todo. (*El proyector se apaga con la última trasparencia. JESUS sale en la oscuridad.*)

PORTAVOZ: Luces, por favor. (*Vuelven las luces.*) Gracias. Y ahora, ¿qué significa todo esto? Esto puede significar sólo una cosa: Fidel Castro nos la quiere jugar una vez más. Cuba se ha embarcado en una campaña sistemática, orquestada desde

41

Moscú, para desestabilizar gobiernos legítimos en Colombia,
Honduras, Nicaragua, El Salvador, Guatemala, Jamaica y El . . .
El . . . Uh . . . (*echando una ojeada a sus apuntes.*) El otro.
Ahora tenemos que dejar bien claro que nosotros no permitiremos en el continente de los Estados Unidos un bastión, una
cabeza de puente del comunismo. Eso haría la defensa de
todos y cada uno de los ciudadanos americanos infinitamente
más difícil. Estoy seguro, por lo tanto, de que el contribuyente
continuará apoyando al Presidente en su petición de aumento
de ayuda militar, siempre y cuando, por supuesto, el pueblo
americano pueda confiar en que esta vez vamos en serio. (*Mira
el texto.*) Y lo que decimos esta vez es que no vacilaremos
como hicimos en Vietnam; no nos faltará decisión nunca jamás.
Nunca jamás volveremos a combatir en una guerra con una
mano atada a la espalda. Y lo que es mucho más importante,
esta es una situación muy diferente, una amenaza mucho más
seria que a la que nos enfrentamos en Vietnam, un país
remoto, alejado de nuestras costas. Aquí estamos hablando de
nuestro propio patio trasero. Para los de entre ustedes que
estén un poco flojos en geografa, déjenme recordarles que
Managua, la capital de Nicaragua, está más cerca de Dallas,
Texas, que de Nueva York. (*Pausa*) Y por lo tanto, nos
moveremos con rapidez, gastaremos cada dólar inteligentemente; nunca permitiremos que otro gobierno libre y democrático en este hemisferio se vaya al traste. Muchísimas gracias.
Buenas tardes.* (*PORTAVOZ empieza a salir. Se detiene
bruscamente.*)

PORTAVOZ: ¿Sí? ¿Preguntas? Ah, sí. Les prometí contestar a sus
preguntas. De acuerdo, una pregunta—tenemos poco tiempo—
del reportero de . . . uh . . . (*mira a un espectador, luego a
otro*) usted, el del Post. Sí, la procedencia de este documento.
De acuerdo. Sí, las fotos . . .

(*Un brazo se mueve desde detrás de la cortina de fondo. Se
corta el sonido del micrófono. La luz del atril se apaga. Se oye
el ruido de un helicóptero.*)

. . . Lo siento; me temo que no puedo hablar de la procedencia

*Durante este discurso el actor puede añadir otras citas de
boletines más recientes del gobierno.*

de este documento; es información secreta; seguridad
nacional . . .

(*PORTAVOZ levanta los dos brazos como saludo de despedida
a la audiencia. Sonríe. Fogonazos de cámaras fotográficas. El
ruido del helicóptero es ensordecedor. Se señala los oídos,
sacude la cabeza; no puede oír las preguntas. Sale PORTAVOZ
como si subiera al helicóptero.*)

♪♪ ♪♪ ♪♪ ♪♪

(*Entra JESUS, perturbado, mientras el helicóptero desaparece
lentamente. Haciendo visera con la mano, lo ve perderse de
vista sobre las colinas a la izquierda del escenario. Barre la
puerta de su casa como antes.*)

NARRADOR DOS: La gente empezó a venir a la puerta de Jesús
y le decían: "Eh, hombre, dónde está tu hijo Raúl; hemos oído
que salió de la cárcel." Jesús no decía nada. Nunca fue muy
hablador, y ahora menos que nunca. Se iba haciendo cada vez
más difícil saber en quién se podía confiar. Todavía trabajaba su
tierra, cortaba flores, iba a la capital, barría la puerta de su casa,
mantenía su rutina diaria. Pero la atmósfera estaba
cambiando—podía sentirlo. Por mal que las cosas hubieran
estado en El Salvador, ahora se estaban poniendo aún peor.
Había soldados por todas partes, vistiendo uniformes nuevos,
manejando camiones todo terreno: uno nunca sabía cuándo
podían aparecer, registrando las casas de tu pueblo, arrastrando
afuera a tus vecinos. Miembros de la policía de seguridad se
plantaban a la puerta de las iglesias, de lugares de reunión
como éste, controlando a los que venían, escuchando lo que la
gente decía. Por la noche, se convertían en escuadrones de la
muerte, persiguiendo a los sacerdotes, las monjas, los maestros,
dejando cuerpos en las cunetas de las carreteras. La situación
empeoró aún más: quinientos maestros fueron asesinados a la
puerta de sus clases.

Bueno, fue durante este tiempo cuando el gobierno finalmente decidió aununciar ¡La Reforma Agraria! La Reforma
Agraria Primera Fase. La gente del campo estaba excitada.
Decían que esta vez iba en serio: el gobierno incluso había
declarado un Estado de Sitio para hacerla implementar.

(*Entra OFICIAL DE REFORMA AGRARIA SALVADOREÑA,
llevando gorra de camuflaje, gafas de espejo, guantes negros;
con los apropiados efectos vocales de sonido—ruidos de tubo
de escape, topes, frenazos, patinazos de ruedas—hace como si
manejara un camión grande. Su puño cerrado es el micrófono
de un sistema de altavoces de campaña. Funciona sólo a ratos,
respondiendo al ser golpeado por la mano o contra el muslo.*)

OFICIAL: ¡Atención! ¡ATENCION! ¡ATENCION! ¡CAMPESINOS,
VENGAN AQUI! (*Detiene el camión, para el motor, abre la
puerta, salta al suelo, da un portazo, mira a su alrededor.*)
¡Okay! ¡Todo el mundo a la plaza! (*a miembros del público*) Sí,
vos, vamos, escuchá, acercate, no te preocupés por los fusiles,
están aquí para protegerlos a ustedes. ¡Vengan aquí! (*Se limpia
la nariz con dos dedos, tirando los mocos al suelo.*) Okay,
ahora pongan atención: los muchachos que están en el camión
y yo hemos venido para ayudarles. (*Ahora se dirige a individuos entre el público como si fueran campesinos.*) Okay,
sabemos que algunos de ustedes en este pueblo han perdido
su tierra, ¿no? ¿Eh? Los que hayan perdido sus tierras, que
levanten la mano. ¿Vos? ¿Y vos? ¿Correcto? ¿Qué decís? Que
nunca has tenido tierra. Okay, lo entendemos, es una mala
pasada. Pero no se preocupen. Ahora tenemos un buen
gobierno, y este gobierno está implementando lo que se va a
llamar "La Reforma Agraria". "La Reforma Agraria Primera Fase".
Esto quiere decir que todo el mundo va a tener un lindo
pedazo de tierra. Los viejos, los jóvenes (*a un joven con
melena entre el público*) incluso los hippies como tú. ¡Ja, ja!
Por si acaso un día de estos te da por trabajar. ¡De acuerdo!
Ahora, para estar seguros de que esta reforma se hace con todas
las de la ley, tenemos que dar una vuelta y ver en qué condiciones está la tierra. Y para ese menester me gustaría que los
líderes de este pueblo dieran un paso al frente. Por favor. Un
paso al frente. (*OFICIAL se aplica a la nariz un poco de
DRiSTAN. Nadie se mueve. OFICIAL espera.*) He dicho que los
líderes de la aldea den un paso al frente, gracias. Allí. (*OFICIAL
mira al público. Elige a un hombre con gafas; lo señala con el
dedo enguantado.*) ¡Vos! Vos llevas anteojos. ¿Sabés leer? ¿Sos
vos el líder? ¿No? (*OFICIAL se fija en una mujer; le toca el
pelo.*) Eh, cariño; decime quién es el líder de este pueblo y te

voy a dar el mejor lote de tierra. Ah . . . y mantendré a mis
soldados lejos de vos . . . (*OFICIAL se da un puñetazo en la
palma de la mano.*) ¿Quiénes son los líderes de la aldea? (*Se
acerca a JESUS.*) Viejo, ¿sos vos el líder?

JESUS: No.

OFICIAL (*impaciente*): ¿Quieren reforma agraria, sí o no?
¡Tengo que hablar con los líderes! ¿Cuál es el problema? ¿No
tienen líderes en este pueblo?

JESUS (*escudriñando entre la gente, finalmente*): No.

OFICIAL (*riendo, yendo hacia su camión, volviéndose y
dirigié*ndose a los soldados): ¡Eh, muchachos; estamos en un
pueblo sin líderes! (*Risas*)

(*JESUS muestra alivio. Entonces, OFICIAL cambia de tono de
repente.*)

OFICIAL (*volviéndose hacia el público*): Okay. ¿No tienen líderes? Por supuesto. Aquí no tienen ninguna tradición democrática. Eso no es grave. Mañana tendrán dos líderes. Sí. Porque esta noche van a tener elecciones. ¿Comprenden? (*mirando al hombre de las gafas*) Vos sabés lo que son unas elecciones, ¿verdad? Sí. Te gustan, ¿eh? Sí. Okay, vos te encargarás de organizarlas. Vos y aquel hipy de allá. Volveremos mañana por la mañana. Hablen de esta Reforma Agraria. Hasta mañana. (*Sube al camión; se aleja. De espaldas al público, hace sonidos especiales que se apagan poco a poco, sin salir de escena.*)

NARRADOR DOS: Para Jesús, aquella fue la noche más feliz de su vida. Todo el mundo en el pueblo se reunió para votar. Su hijo segundo, Ricardo, el maestro, fue uno de los dos elegidos como líderes de la reforma agraria en San Pedro el Pácifico. Jesús estaba muy orgulloso. Su hijo y él se pasaron toda la noche hablando de lo terrible que las cosas habían sido, y de la reforma agraria, y de cómo todo iba a cambiar ahora . . .

OFICIAL (*volviéndose y llegando como antes. Esta vez el micrófono no funciona en absoluto. Lo tira al suelo*): ¡Atención! ¡ATENCION! ¡CAMPESINOS! ¡AQUI TODO EL MUNDO! Es un lindo día, ¿no? (*Se limpia la nariz como antes.*) ¡Buenos días! Okay, ¡vamos a trabajar en esta Reforma Agraria! ¿Tuvieron elecciones? Bueno . . . Okay, los líderes: un paso al frente.

(*Mientras OFICIAL habla, JESUS está junto al telón de fondo, haciendo señas a su hijo imaginario para que salga.*)

JESUS: Ricardo, vení. Vení pues. Han llegado los soldados. ¡Arréglate!

(*JESUS avanza con la mano levantada para guiar a su hijo. A la derecha del escenario y en frente del público.*)

OFICIAL: ¿Quién es éste?

JESUS: Es mi hijo Ricardo.

OFICIAL: Tu hijo, ¿eh?

JESUS: Sí, es el maestro de aquí.

OFICIAL: ¿Cómo se llama?

JESUS: Ricardo.

OFICIAL: Bueno, Ricky, subí al camión por detrás. (*OFICIAL mira a otra persona imaginaria.*) ¿Vos también? Subí al camión. Muchachos, ayúdenle a subir. ¡Uauh! ¡Cuidado no se te vaya un pie! (*Les ayuda a subir. Cierra de golpe la puerta trasera; ajusta la barra de seguridad. Mientra hace todo esto . . .*) Ahora, recuerden todos: la distribución de la tierra ha sido injusta durante muchos años. Lo sabemos. Lo entendemos. Vamos a necesitar algún tiempo para remediarlo, ¿okay? Vamos a trabajar juntos. Tenemos estos rifles para protegerlos a ustedes. Ahora, esto es Primara Fase; no van a recibir una escritura, un título de propiedad de sus tierras, hasta la Tercera Fase. Pero eso es okay. No . . . ustedes no plantan escrituras, . . . plantan verduras. ¡Ajá! Okay. Ahora escuchen: si nos mantenemos unidos (*levantando los pulgares hacia arriba*), ¡jamás seremos vencidos!

JESUS: ¡Ricardo, aquí te espero! (*Se pone de puntillas para poder tocar la mano de su hijo.*)

(*OFICIAL sube al camión, da un portazo, manipula la llave de contacto, el camión se pone en marcha, efectos de sonido vocales que poco a poco se apagan.*)

JESUS: ¡Sí, aquí no más! (*despidiéndole con la mano*) Hasta pronto. (*Ahora dice adiós con el sombrero; de espaldas al público.*) ¡Aquí te espero! (*Al público*) Ése es mi hijo. (*Se vuelve otra vez, despidiéndose con el sombrero; se vuelve a mirar al público con una sonrisa nerviosa.*)

♪♪ ♪♪ ♪♪ ♪♪

NARRADOR DOS (*escogiendo las palabras con mucho cuidado*): ¿Saben una cosa? Jesús nunca volvió a ver a su hijo. Nadie sabe dónde descansarán esos dos cadáveres. Pero puedo asegurarles esto: esos dos campesinos que subieron al camión fueron torturados. Torturados hasta su muerte por hombres que no lo hacen para conseguir información. La mayoría de las veces, la gente a la que torturan no tiene ninguna información que dar. Torturan por una sola razón: para mantener a gente como usted y como yo en un terror permanente que nos impida hacer nada. ¡Y casi siempre se salen con la suya! Algunas veces usan instrumentos sencillos, como cigarros,

bolsas de plástico, alfileres. Otras utilizan aparatos más sofisti-
cados. Las instrucciones están en inglés. El hijo de Jesús fue
torturado. Sus gritos fueron oídos apagadamente en medio de
la noche por gente como ustedes, como nosotros, que estaban
en la calle esperando conseguir alguna información, escuchar
alguna palabra suelta sobre el paradero de un amigo, un padre,
una esposa, un maestro, un hijo. Pero nunca se filtraba ni una

palabra. Desaparecidos. Habían desaparecido. Oficialmente. Para siempre. Y ésta era una cosa más de las que Jesús nada sabía.

JESUS (*vuelto de espaldas, moviendo su viejo sombrero*): ¡Aquí te espero! ¡Hasta pronto, Ricardo! (*JESUS avanza hacia la iglesia como anteriormente. Como si se desviara, no entra.*)

NARRADOR DOS: Jesús se quedó plantado en la plaza. Esperando. Por primera vez sintió como si él fuera el único hombre vivo en San Pedro el Pacífico.

(*Manuel entra muy agitado cargando su guitarra y una mochila, llamando a Jesús.*)

MANUEL: ¡Jesús! ¡Hombre! ¡Ahí estás! He vuelto a casa.

JESUS (*en voz baja*): Manuel.

MANUEL: He tenido que dejar mis estudios, hombre. Puede que cierren la universidad. Me he unido a una Comunidad de Base allá arriba, en Morazán. Fernando, mi profesor, fue acribillado por la Mano Blanca, en la mera puerta de su casa. Entraron en mi cuarto. Revolicaron todos mis papeles. No sé qué . . .

(*Jesús ofrece agua a MANUEL. MANUEL bebe.*)

MANUEL: Gracias. Sentate, tengo algunas cosas que contarte. (*MANUEL se da cuenta del sombrío estado de ánimo de JESUS, pero todavía, a su manera, intenta levantarle la moral.*) ¡Están pasando muchas cosas, Jesús! La gente se está agrupando. Me detuve en la Catedral. Estaba abarrotada de gente. Monseñor estaba hablando. ¡Deberías haberlo oído! ¿Sabes quién es? ¿Monseñor Romero? (*JESUS no lo sabe.*) ¡Ah, espera! Te he traído una foto suya (*MANUEL saca de su mochila un pequeño cartel del Arzobispo Oscar Romero. JESUS lo toma.*) Este es el nuevo Arzobispo de El Salvador, ¡Monseñor Oscar Romero! ¿Nunca has oído hablar de él?

JESUS: No.

MANUEL: Yo lo he visto. Me quedé en las últimas filas. Todo el mundo lo escuchaba; él se paró delante de aquella muchedumbre. Dijo que los ricos son la causa de todos los males de El Salvador. (*Pausa*) ¿Qué te parece, Jesús? ¡Un sacerdote

49

diciendo la verdad! (*MANUEL busca otra vez en su mochila.*)
Quiero que lo escuches . . . Poné el cartel en la pared . . .
bueno. Mira, te he traído un radio. Era de Fernando. Su esposa
me dijo que te lo podía dar. (*MANUEL le entrega a JESUS un
radio de transistores completamente nuevo. JESUS lo sostiene
en sus manos como si fuera una nave espacial de otro
planeta.*)*

*El radio es en realidad un magnetófono con la música y la
homila de Romero previamente grabadas.

(*JESUS trata de devolverlo.*)

MANUEL: No, quedátelo; es para vos. Mirá cómo funciona.
(*MANUEL manipula la antena y los botones. Compases de
música bailable se escuchan a todo volumen. JESUS se tapa los
oídos.*)

JESUS: ¡No me gusta! ¡Apágala!

(*MANUEL encuentra el botón de encendido. La música se
interrumpe. JESUS se relaja.*)

MANUEL: Esta es la emisora del Arzobispo. No toques este
botón. Ahora, el domingo por la mañana la pones; a las diez
oirás a Monseñor. Vas a conocerlo. Este es el control de voz.
Haz que vengan otros a oírlo también. Tengo que irme.

(*MANUEL sigue inquieto; manosea la mochila.*)

MANUEL: También he visto a María; está bien. Adiós. (*Se
abrazan.*) Te voy a echar de menos, viejo. Un día de estos
volveremos a vernos y cantaremos La Bamba a dúo, ¿de
acuerdo?

JESUS: Sí . . .

MANUEL (*corriendo*): ¡Nos vemos, Jesús! ¡Ah! (*Se detiene.
Vuelve corriendo; le da a JESUS la guitarra.*) Es mejor que vos
me la guardés . . . Viajo sólo de noche; se me puede romper
con tanto golpe. (*JESUS está confundido, pero acepta. MANUEL
sale corriendo*). Cuídamela bien, viejo, ¿eh? Que no se te
moje; no la dejes afuera por la noche . . . Aprende una canción
para mí, ¿eh? (*MANUEL corre. Se detiene. Vuelve corriendo.*)
¡Esconde el radio debajo de la cama, hombre!

JESUS: Debajo de la cama, sí. (*Pausa mientras piensa en eso.*) ¡Manuel!

MANUEL (*que ha salido del teatro corriendo por el pasillo del patio de butacas. Como voz en off, como si se detuviera, corriendo de vuelta.*): Sí, ¿Jesús?

JESUS (*gritándole*): ¡No tengo cama!

MANUEL (*voz en off*): ¡Ay! ¡Ponelos en el cuarto de atrás . . . debajo del maiz!

JESUS (*para sí*): Está bien . . . (*A MANUEL*) ¡Manuel! ¡Nos vemos! (*JESUS se inmoviliza, de repente, recordando*): ¡Oh, casi se me olvida! ¡No vino Ricardo!

NARRADOR UNO: Pasaron dos semanas. Todavía no había noticias de Ricardo. Jesús fue otra vez a San Salvador en busca de información. ¿Qué podría averiguar? En aquel momento había miles de desaparecidos como Ricardo. Miles que buscaban como Jesús. La gente decía: "Tú no eres el único, viejo." "Ponte a la cola." Todo lo que oía era: "¡Quién sabe!", o "No sabemos nada". Se dio la vuelta y volvió andando a su pueblito. Pasó de lejos por su casa, subiendo por el retorcido sendero hasta sus cuatro palmos de tierra, su única alegría ahora. Quería ver el maíz ya casi maduro, contentarse con la proximidad de la tierra calentada por el sol, sentirse una vez más en contacto con sus antepasados. (*JESUS se acerca a su milpa. Es detenido por algo invisible.*) Pero cuando llegó allí . . . ¡no pudo entrar!

JESUS: ¡Alambre!

NARRADOR UNO: Había un cerco de alambre rodeando toda su propiedad.

JESUS (*jalando, cortándose*): ¡Ay!

NARRADOR UNO: No llevaba herramientas; no podía cortarlo. Miró dentro; había ganado.

JESUS: ¡Vacas!

NARRADOR UNO: El ganado estaba pisoteando su maíz, comiéndose las mazorcas. Jesús se enfureció.

JESUS (*de rodillas, tirando piedras*): ¡Salite! ¡Andate de ahí! ¡Es maíz! ¡Es mi milpa! (*JESUS corre gritando al público.*) ¿Por qué no me hablan?

NARRADOR UNO: Bajó corriendo a la aldea; fue de casa en casa. "¿Qué ha pasado con mi tierra?" Nadie quería hablar con él. Estaban demasiado asustados. Finalmente, en un pueblo vecino, alguien le dijo que fuera a la hacienda. Allí, un hombre rico le salió al encuentro. Movió un pedazo de papel delante de sus narices. La tierra era ahora suya, después de doscientos años. El título de propiedad le había costado una botella de güisqui escocés.

(JESUS está parado en el centro del escenario, solo, con el sombrero estrujado entre sus manos. Su perenne sonrisa es ahora una mueca. Puede hablar, o puede que no lo haga.)

JESUS: ¡Doscientos años!

NARRADOR UNO: Jesús está completamente solo ahora. Sin mujer, ni trabajo, ni hijos, ni tierra. El viejo sigue sin quejarse. Está callado, como la tierra aceptando lo que el labrador quiera hacerle. Por dos días permanece sentado en su banco, bajo el granado, sin comer ni dormir, buscando algún indicio de esperanza, mirando las mariposas de día y las estrellas por la noche . . . Algunos de sus vecinos pasaron por allí; le dijeron: "Jesús, no estás solo; casi todo el mundo está sufriendo también." Pueblos enteros han sido destruidos por las tropas del gobierno; los incendian hasta sus cimientos; arrasan los graneros de maíz y frijoles con apisonadoras. No hay nada a lo que volver. Los supervivientes se van a las montañas del norte, huyendo para salvar sus vidas. Algunos llegan hasta los campamentos de refugiados; otros se unen a los rebeldes para luchar; y otros ingresan en Comunidades de Base, nuevas comunidades en donde trabajan por la paz. Los viejos aprenden a leer; los niños tienen comida y cuidados médicos. Hablan sobre Nicaragua, sobre los Evangelios, sobre tal o cual masacre que les abre los ojos, sobre el nuevo El Salvador. Y en su trabajo son ayudados por los rebeldes y por sacerdotes rurales, médicos, maestros . . . algunos de los que no han sido asesinados.

NARRADOR DOS: Jesús, ya francamente viejo, vive solo, sin apenas hablar. El sabía escuchar. La gente sabía que él podía guardar un secreto; venían a confiarle sus problemas, igual que él en la iglesia le decía sus verdades al Hombre, al Dios del que había tomado el nombre. El número de habitantes del pueblo iba disminuyendo; ahora eran como una sola familia unida por el sufrimiento. Y Jesús era el viejo depositario de sus historias.

Ahora Jesús tenía un radio también. Algunas veces sus vecinos y él se agrupaban a su alrededor para escuchar al Arzobispo. Le oían decir: "Hermanos míos, siempre hay esperanza. Nos pueden matar—siempre decía "nos"—pero el clamor del pueblo continuará escuchándose". No siempre había hablado de esta manera. Había sido un sacerdote conservador. La Iglesia lo había hecho arzobispo porque pensaron que no hablaría en contra de la situación. Querían que él controlara a los sacerdotes y monjas activistas. Pero cuanto más viajaba, cuantas más historias de sufrimientos escuchaba, más difícil se le hacía a Monseñor guardar silencio. Después de que el padre Rutilio Grande fue asesinado, Romero empezó a hablar. ¡El mundo debe saber lo que está pasando aquí en El Salvador! Jesús aprendió muchísimo en aquellos días. Y hasta en los últimos rincones de las montañas otros aprendieron también. Era un país lleno de radios, y el Arzobispo tenía su propia emisora. YSAX, "La voz Panamericana", transmitiendo todos los días, a pesar de las amenazas de muerte, la difamación. Y viajaba a las montañas también. Una vez vino a San Pedro el Pacífico.

ℷℎ ℷℎ ℷℎ ℷℎ

ROMERO (*entrando por lateral, o por entre el público*): Hermanos, salgan de sus casas, acérquense, vamos a hablar. Traigan a sus hijos también. Aquí no hay nadie del ejército. Dios te bendiga (*a individuos de entre el público.*) Dios te bendiga. Salgan, salgan.

JESUS (*mirando a la fotografía*): ¡Monseñor!

ROMERO: ¿Cómo te llamas?

JESUS (*cayendo de rodillas, cogiéndole la mano a ROMERO*): Jesús.

ROMERO: Ah, como Dios.

JESUS: Sí.

ROMERO: Me gustaría conocer a tus hijos.
JESUS (*moviendo la cabeza*): Ya no están.

ROMERO: ¿Y tu esposa?

JESUS: Muerta. De hambre. Hace años.

ROMERO: Lo siento, Jesús. ¿Has perdido tu tierra?

JESUS (*señalando*): Estaba allí.

ROMERO: ¿Y tus vecinos?

JESUS: Hable con ellos.

ROMERO (*hablando espontáneamente a individuos de entre el público, desde el escenario*): Otros han perdido sus tierras también . . . ¿No tienes comida? ¡Ah! ¿Las fuerzas de seguridad mataron a tu hermano? ¿Dices que por dos semanas no te dejaron enterrarlo, para escarmiento de otros? (*A Jesús*): ¿Por qué?

JESUS: A saber.

ROMERO: ¿Era subversivo?

JESUS: Era cipote.

ROMERO (*hablando con otra persona*): ¿Tus hijos?. Ah, no son tus hijos. ¿Dónde están sus padres? Ya veo . . . Lo siento. A cualquier parte que viajo, amigos míos, es la misma historia. La gente me pregunta: Monseñor, por favor, ¿cómo puede ayudarnos la Iglesia en esta situación? Tengo que decirles lo mismo que les he dicho a ellos: la esperanza que la Iglesia les trae es una llamada a todos los pobres, a ustedes, a la gran mayoría, para que empiecen a responsabilizarse de su propio futuro, para que se organicen. Son los pobres los que nos están forzando a comprender lo que realmente está ocurriendo aquí en El Salvador. El que entrega su vida a los pobres debe sufrir el mismo destino que ellos. Y en El Salvador ya sabemos cuál es el destino de los pobres: desaparecer, ser encarcelados sin juicios, ser torturados, aparecer muertos en la cuneta de cualquier carretera. Cuando una dictadura viola de esta manera los derechos humanos, cuando se hace insoportable, cuando todos los canales de comunicación se cortan, cuando no quedan recursos, entonces la Iglesia puede hablar del legítimo derecho del pueblo a la insurrección armada. Recemos juntos.

(*Pausa. ROMERO y JESUS rezan en silencio.*)

ROMERO: Que Dios tenga piedad de nuestras almas. Amén. (*A JESUS*) Que la paz sea contigo, Jesús.

JESUS: Y también con usted, Monseñor. (*Sale*)

ROMERO: ¡Ah! ¡Me han amenazado con la muerte tantas veces! Si me matan, resucitaré en el pueblo salvadoreño, y no lo digo para vanagloriarme, sino con toda la humildad de que soy capaz. El martirio es una gracia de Dios que yo no merezco, pero si Dios aceptara el sacrificio de mi vida, entonces mi esperanza es que mi sangre sirva como semilla de libertad, y sea como una señal de que nuestros deseos pronto se convertirán en realidad. Que el Señor esté con ustedes. Ustedes son el pueblo salvadoreño.

NARRADOR DOS (*mientras ROMERO sale*): Jesús no lo sabía, pero aquellas palabras en la boca de un Arzobispo eran revolucionarias. Durante cuatrocientos años, la Iglesia Católica no había hecho demasiado para ayudar a los pobres en El Salvador. Ahora, en los últimos años, algunos de los miembros de la Iglesia, sacerdotes y monjas rurales, voluntarios laicos como Marta, habían ido a trabajar codo con codo con los pobres, a ayudarles a recuperar algo de lo que habían perdido. Pero Monseñor Romero fue el primer sacerdote que lo dijo donde todos pudieran oírlo: "Yo les perdono; la Iglesia debe perdonarles por cualquier cosa que puedan verse obligados a hacer." Jesús encontró fuerzas en aquella reunión y en aquellas palabras para vivir día a día, cogiendo sus flores, preparando su humilde comida, refugiándose profundamente en la esperanza de que . . .

JESUS: Algún día, quizá mañana, todo va a cambiar.

NARRADOR DOS: Bueno, las cosas cambiaron . . . pero sólo para empeorar. Cientos más de inocentes murieron. Monseñor se preguntaba: ¿Qué puedo hacer? Decidió escribir una carta al Presidente de los Estados Unidos:" Por favor, deje de mandar armas y municiones. El gobierno de aquí las está usando solamente para matar a nuestro pueblo . . ." No consiguió nada. Supongo que el Presidente no leyó su correspondencia, porque las armas continuaron viniendo. Así que muchas otras personas murieron. Monseñor se preguntaba: "¿Qué más puedo hacer?" Decidió hablar a los soldados; nunca lo había intentado antes. Se dirigió a ellos desde su púlpito en San Salvador. Las palabras que dijo fueron retransmitidas a través del país; gente como Jesús, como ustedes, como nosotros, nos agrupamos alrededor de los radios . . .

(*NARRADOR DOS sostiene en alto el radio de JESUS, mira a su alrededor como si reuniera a gente para que escuche, lo enciende, el volumen está alto.*)

*(Aquí NARRADOR DOS se deja el sombrero puesto; el público puede ver a JESUS pero escucha la voz de NARRADOR DOS.)

VOZ DE ROMERO EN RADIO: Yo quisiera hacer un llamamiento de manera especial a los hombres del Ejército, y en concreto, a las bases de la Guardia Nacional, de la policía. Hermanos: Ustedes son de nuestro mismo pueblo. Matan a sus mismos hermanos campesinos. Y ante una orden de matar que dé un hombre, deben obedecer la ley de Dios que dice: ¡No matarás! Ningún soldado está obligado a obedecer una orden contra la ley de Dios. Una ley inmoral nadie tiene que cumplirla. La Iglesia no puede quedarse callada ante tanta abominación. En nombre de Dios, pues, y en nombre de este sufrido pueblo, cuyos lamentos suben al cielo cada día más tumultuosos, les suplico, les ruego, les ordeno en nombre de Dios: ¡Cese la represión!

(*Las últimas palabras de Monseñor son ahogadas por aplausos en el radio. NARRADOR DOS espera, después apaga el radio, diciendo*):

NARRADOR DOS: Bueno, parece que el Arzobispo esta vez fue demasiado lejos. Porque al día siguiente . . .

(*Un NIÑO [o NIÑA] entra corriendo, sin respiración. La voz se escucha primero desde dentro. El personaje puede permanecer sin ser visto, fuera del escenario.*)

NIÑO: ¿Has oído? ¿Has oído las noticias? (*Llegando al escenario.*)

(*JESUS aparece.*)

NIÑO: ¡Monseñor! ¡Monseñor está muerto!

JESUS: ¡Muerto!

Asesinan al Arzobispo de San Salvador Cuando Oficiaba

EXCELSIOR

EL PERIÓDICO DE LA VIDA NACIONAL

MEXICO, D. F.—MARTES 25 DE MARZO DE 1980

Había pedido al Ejército no seguir matando

Otros 29 Muertos

★ Recibió el Prelado un Tiro en el Pecho
★ Lo Atacaron 4 Hombres: la Radio;
★ Pidió Perdón Para los Culpables; ni

SAN SALVADOR, 24 de marzo. (AFP, AP, DPA y Latin)—El arzobispo de San Salvador, monseñor Oscar Arnulfo Romero, fue asesinado hoy cuando oficiaba una misa en la capilla del hospital de la Divina Providencia, en el noroeste de esta capital. En tanto, la violencia continuó hoy en el país con un resultado de 29 muertos y más de 20 heridos.

Una monja, que se encontraba en el recinto cuando Romero celebraba la Eucaristía, dijo que escuchó un fuerte ruido, "como una bomba", y entonces el obispo católico cayó de espaldas.

Informes radiofónicos señalaron que el arzobispo estaba oficiando su liturgia diaria de las seis de la tarde, cuando cuatro hombres, no identificados, entraron y le dispararon. Sin embargo, la monja dijo que no vio a ninguno de ellos.

La religiosa señaló que el arzobispo había pedido piedad para sus asesinos antes de morir.

Un pastor fiel a su pueblo

NIÑO: ¡Han matado al Arzobispo! ¡Romero, Monseñor! (*Empieza, corriendo, el mutis. La voz se escucha en diferentes lugares.*) ¡Lo han matado en la capilla del hospital! Lo hizo un asesino profesional; se coló sin ser visto. Monseñor estaba diciendo misa. Le disparó en medio del pecho; una bala explosiva; ha hecho saltar su pecho en pedazos . . .

JESUS: No puede ser . . .

NIÑO: ¡Está muerto! ¡Monseñor está muerto! ¡Mataron a Monseñor! ¿Han oído las noticias? (*La voz se apaga.*) ¡Monseñor está muerto!

(*JESUS está parado, de espaldas al público, mirando la fotografía. Mientras se vuelve . . .*)

NARRADOR DOS: Fue asesinado en una capilla. Había testigos. Todo el mundo sabía quiénes eran los responsables, quiénes habían planeado aquella ignominia, quiénes habían echado a suertes la elección del que apretaría el gatillo. Pero cuando las noticias llegaron a los Estados Unidos, aparecieron distorsionadas, como tantas veces ocurre: "Ningún grupo se ha declarado responsable; otra víctima de la creciente violencia entre la izquierda y la derecha". Pero Jesús, un hombre sencillo, allá arriba en San Pedro el Pacífico, sabía lo que pasó, y comprendió. (*JESUS camina hacia la iglesia.*) Lo que no quiere decir que aceptara lo que había oído . . .

JESUS (*rezando, encendiendo una vela*): Padre nuestro que estás en los cielos . . .

NARRADOR DOS: En la iglesia perdió toda noción del tiempo. Mucho después de que todos los demás hubieran salido, Jesús se quedó, oyendo las voces, contestándolas . . . intentando creer la terrible noticia . . .

(*Nota: Si un actor está representando a JESUS y a NARRADOR DOS, aquí está a punto de hablar también con una tercera voz.*)

JESUS: Padre, ¿de veras estás escuchando lo que pasa aquí abajo? ¡Monseñor, el mejor de todos! ¿Me oyes? ¡Hablame!

NARRADOR/VOZ (*alta y profundamente*): ¡JESUS!

JESUS: Sí.

Duelo Nacional

Una vida dedicada a la causa de los oprimidos

"Resucitaré en el pueblo": M. Romero

Asesinato: agresión a nuestros pueblo

Condenamos el asesinato como católicos y human

* Miles de Campesinos Viajan Hacia la Basílica
* Procesión del Silencio hoy, al Iniciar los Funerales
* No Confía la Iglesia en el Peritaje Oficial
* Anuncia la CRM un Paro Nacional de Ocho Días

SAN SALVADOR, 25 de marzo. (AFP, AP, EFE, PL y Latin-Reuter).—El gobierno decretó hoy duelo nacional y estado de alerta, y ordenó el cierre de escuelas, en tanto unas 30 bombas estallaron en todo el país, a raíz del asesinato del arzobispo Oscar Arnulfo Romero, quien criticó a la violencia política y fue asesinado ayer mientras oficiaba una misa.

En tanto, millares de campesinos procedentes de los más recónditos lugares de la república llenaron hoy basílica del Sagrado Corazón, en el centro de la capital, para tributar el último adiós al arzobispo.

Los funerales se celebrarán el próximo domingo en la Catedral, según anunciaron fuentes eclesiásticas.

Aunque al parecer no causaron de alto poder estallaron...

Grito en el desierto para despertar la conciencia de los idólatras del dinero y el poder

Tres días de duelo

Cierre de las Escuelas

NARRADOR/VOZ: Jesús, estoy aquí.

JESUS: Sí.

NARRADOR/VOZ: Quiero que me hagas un favor.

JESUS: Mande.

NARRADOR/VOZ: Jesús, mañana es el Domingo de Ramos. Va a haber un funeral por Monseñor en San Salvador. Quiero que subas a la montaña, más allá de las flores silvestres, y que cortes las ramas de palma que allí encontrarás. Esas son las que Monseñor quiere. Debes llevarlas, Jesús.

JESUS: No puedo hacerlo. Soy viejo. Me faltan las fuerzas. Pídaselo a otro.

NARRADOR/VOZ: ¡Jesús!

JESUS: Tengo que ser yo, ¿eh? Bueno. Gracias.

NARRADOR DOS: Jesús salió de la iglesia. Afuera se dio cuenta de que la noche estaba avanzada. No le importó. El pueblo parecía tranquilo. Fue a su casa (*JESUS hace todo tal y como se describe.*) Se quitó su ropa vieja de trabajo y se puso un poncho que sólo llevaba en bodas y funerales. Se puso un sombrero que hacía años que guardaba y una bandana para protegerse del frescor de la noche en las montañas. No tenía intención de esperar hasta el amanecer. Salió por detrás de su casa, subió por el retorcido sendero. Sus pies conocían el camino en la oscuridad. Todos aquellos años de andar por allí . . . Más allá del pedazo de tierra que ya no era suyo, por entre medio de las flores silvestres, dónde la montaña se inclina hacia el Pacífico. Se puso a trabajar a la humilde luz de la luna, cortando palmas para Monseñor. (*JESUS, con un machete imaginario, corta con cuidado las ramas de varias palmeras bajas.*)

Algo misterioso le estaba dando más fuerzas de las que nunca había tenido; eso le hizo sentirse casi feliz. Y la voz estaba allí . . .

NARRADOR/VOZ: Jesús.

JESUS: Sí. Mirá lo que estoy haciendo por vos. ¿Querés más? ¿Cuál? ¿Esa? Bueno.

NARRADOR DOS: Cuando hubo cortado un gran haz, se echó las ramas a la espalda. (*JESUS carga con un haz de palmas reales.*) Tampoco ahora esperó a que amaneciera. Empezó a bajar la colina. Jesús, caminando en la oscuridad, por entre medio de las flores, más allá del pedazo de tierra con alambre de púa . . . No se detuvo en su casa esta vez, ni tampoco en la iglesia, ni en la plaza con aquella vieja fuente española de la que nunca había visto manar el agua. Jesús iba ahora andando en medio de la noche, con las palmas, camino de San Salvador, ¡por Monseñor!

(*Breve momento de silencio. Jesús andando, cargado con las palmas que rozan entre sí; música; se siente la presencia de espíritus que lo acompañan.*)

NARRADOR DOS: Jesús creía que estaba solo. El no lo sabía, pero en muchos kilómetros a la redonda de San Salvador, nadie pudo dormir aquella noche. La gente se levantaba, envolvían a sus hijos en un rebozo y empezaban a salir también: bajando por empinadas cuestas, senderos al borde de precipicios, viejos caminos de carreta, descendiendo a San Salvador por Monseñor. Todos llevaban algo. Sólo Jesús llevaba aquellas palmas especiales . . . Había diez mil, treinta mil, cincuenta mil personas aquella noche abriéndose camino hacia el funeral. Con toda seguridad (*al público*), si ustedes hubieran vivido allí, también habrían ido. Piensen en eso: se puede casi oler los rescoldos del fuego que ustedes acaban de apagar en sus hogares; se puede casi oír (*rozando las palmas*) a los pájaros estremeciéndose en los árboles cuando ustedes pasan; se puede casi sentir la bruma ascendiendo en cada valle y mezclándose con las lágrimas que ustedes no pueden contener.

NARRADOR/VOZ: ¡Jesús!

JESUS: Sí. ¡Mirá, allá voy!

NARRADOR DOS: A Jesús seguían ocurriéndole milagros. Cada vez que estaba a punto de perderse en la oscuridad, una mano parecía empujarle devolviéndolo al camino. Cada vez que la carga se le hacía demasiado pesada para sus viejas espaldas, una mano parecía descender en su ayuda . . .

¡San Salvador! Ya de día. Vio por primera vez que las carreteras estaban llenas de gente. Todos se apartaban dejando paso al viejo de las palmas. En el mercado, la gente se empezaba a despertar. Ahora estaba en la gran plaza de la catedral. Estaba abarrotada de gente. Todos se apartaban dejando paso al viejo de las palmas. Dejen paso a Jesús.

Las gradas de la catedral. Allí, en los escalones, el ataúd del Arzobispo, afuera, a plena luz, para que los soldados del gobierno vieran que se trataba de un funeral, ¡no de una manifestación! Jesús se sintió llevado en volandas por la gente, subiendo los escalones, a través de la entrada de la verja, por la explanada, la puerta de la iglesia, el pasillo central, hasta el altar. (*JESUS deja las palmas en el suelo con cuidado.*) ¡Nunca había estado en el altar de una iglesia!

JESUS (*mirando hacia arriba, blandiendo una palma*): ¿Vale? . . . Por nada.

(*La música se apaga; silencio; es lo mejor para destacar el ruido exterior que está a punto de empezar. Jesús se quita el sombrero.*)

NARRADOR DOS: Por primera vez pudo ponerse derecho, mirar a su alrededor, ver dónde estaba . . . La iglesia le parecía abarrotada de gente; ya no cabía ni un alma, y todavía continuaban entrando. Todas las caras parecían volverse hacia él. Vio a Juancito, a Concepción, a Marta, a Ricardo, a Jesuses también: cientos de ellos, viejos de las montañas, apretujados en la iglesia . . . ¡Ya no cabía ni un alfiler, y todavía seguían entrando-en busca de refugio! Fue entonces cuando Jesús sintió lo que no había sentido hasta entonces: la pena por la muerte del Arzobispo ya no era la emoción dominante en aquel gran recinto . . . Ahora había tensión, pánico, cinco mil cuerpos temblando al unísono. Circulaba el rumor de que los soldados estaban afuera; nadie sabía si saldría de allí con vida.

Si extienden la mano y cogen la de la persona más próxima a ustedes (*NARRADOR espera hasta que el público haga lo que le piden*) pueden empezar a sentir lo que significaba estar en aquella iglesia, en aquel momento.

Aquí, en los Estados Unidos, vivimos una vida muy tranquila; no nos imaginamos cómo puede sentir el que va al teatro, o a una iglesia, sabiendo que quizás no vuelva a su casa nunca más.

(*NARRADOR UNO emite ruidos alarmantes desde afuera:
soldados ladrando órdenes, disparos, explosiones de bombas,
portazos . . .*)

NARRADOR DOS: El pueblo de El Salvador vive esa realidad
todos los días. Había soldados gritando órdenes; fuego indiscriminado; la gente estaba siendo acribillada afuera, en la
plaza, y se precipitaba escaleras arriba hacia la puerta; algunas
viejas murieron aplastadas dentro de la iglesia . . . Ni siquiera
pudieron caer: no había suficiente espacio. La gente gritaba.
Por la puerta venía el ataúd del Arzobispo, mantenido en el
aire por decenas de manos; había sido entrado para proteger el
cuerpo muerto de los balazos.

(*Los ruidos aumentan; rápidamente se apagan y son reem-
plazados por el sonido, grabado en cinta, de una multitud que
canta—en voz no demasiado alta para que NARRADOR DOS y
JESUS puedan ser oídos claramente.*)

NARRADOR DOS: Jesús, mirando a esa muchedumbre, sintió su pánico, sintió que su poder individual los abandonaba. Pero esa fuerza colectiva no desapareció; la notó fluir por el suelo, entrar en su propio cuerpo . . . Y empezó a hablar, a gritar en público por primera vez. ¡Tuvo que mirarse a sí mismo para estar seguro de que era él el que hablaba!

JESUS: ¡Eh! ¡Esto es un funeral, no una manifestación! ¡No es una batalla! ¡Paren los tiros! ¡Que se vayan los soldados! ¡Ya no más! ¡Yo soy Jesús; vengo de las montañas! ¡Devuélvannos nuestra tierra! ¡Devuélvanme a Juancito, a Concepción, a Marta, a Ricardo . . . ! ¡Ahora entiendo! ¡Basta ya! ¡Ya no tengo miedo! ¡Viva Monseñor! ¡Revolución o muerte! ¡Venceremos! ¡El pueblo unido . . . !

(*SOLDADO entra corriendo, de uniforme; el canto se detiene, la voz de JESUS se corta.*)

SOLDADO: ¡Comunistas!

(*Dispara contra JESUS con una pistola del 22 o más grande. Silencio. JESUS se queda inmóvil, con los ojos en el soldado, en pose reminiscente de la crucifixión. Sube la música: andina instrumental, evocando la resurrección. JESUS disuelve la pose; puede quitarse la bandana. Sale. La música se desvanece. Sonido de teletipo puede empezar a oírse. NARRADOR UNO, o banda sonora, o cinta en radio portátil, puede decir este párrafo*):

El Arzobispo Oscar Romero fue asesinado el 24 de Marzo de 1980. En el funeral, el Domingo de Ramos, más de cincuenta personas fueron matadas por disparos indiscriminados o murieron aplastadas dentro de la iglesia. (*Opcional aquí: algunos párrafos con noticias de actualidad.*) Hoy, once años después, la guerra continúa igual que antes.

(*Los dos actores vuelven al centro del escenario. Recogen vestuario y demás objetos esparcidos por el suelo: el sombrero de JESUS, que se cayó en el momento de su muerte, las palmas,*

Estallan 30 Bombas en El Salvador

Estado de Alerta

Bombas, 45 Min. de Tiroteo y 50 Muertos en San Salvador

Hubo 600 Heridos en el Funeral de Romero

Monseñor Romero

SAN SALVADOR, 30 de marzo.—Cincuenta muertos y no menos de 600 heridos fue el resultado del atentado lanzado hoy durante las exequias de monseñor Oscar Arnulfo Romero, arzobispo de El Salvador, asesinado el lunes pasado.

La cronología de los hechos es la siguiente: Nueve horas; varios miles de personas ya se han congregado ante la Catedral para asistir al acto fúnebre, que se realizará en un altar improvisado en las escalinatas mismas del templo.

En tanto, en el parque Cuscatlán, comienzan a reunirse varios miles de militantes de las organizaciones populares, entre las que se encuentran el Bloque Popular Revolucionario, encabezado por su secretario general, Juan Chacón; de las Ligas Populares 28 de Febrero, dirigidos por su líder Leoncio Pichinte; y de la Unión Democrática Nacionalista (UDN).

En el interior del templo, el joven Omar Nelson Guzmán, de 15

SIGUE EN LA PAG. VEINTIUNO

"Amnistia" condena a la Junta salvadoreña

escoba, radio, jarro de agua, el poncho viejo . . . mientras la voz de JESUS se oye sobre la música.)

VOZ DE JESUS: El pueblo sigue en lucha. El gobierno nos puede quitar todo: la casa, la milpa, la vida. Pero siempre quedará una cosa que no nos pueden quitar, y eso es: ¡La victoria final! Yo no voy a verla; quizás mis hijos tampoco. Pero un día todo va a cambiar. ¡No puede fallar!

(Sube la música: la canción "El pueblo unido jamas será vencido". Los actores, que se detuvieron y sentaron a escuchar las palabras finales de JESUS, se ponen de pie y se inclinan ante el público, saludando. Pueden abrazarse y bailar. TELON.)

Archbishop
Oscar
Romero

YZUR

Leopoldo Lugones (Argentina, 1874-1938) nació en una pequeña aldea de la provincia de Córdoba. En busca de mejores posibilidades para su incipiente carrera literaria, se traslada a Buenos Aires donde conoce a Rubén Darío. Pronto una estrecha amistad le uniría con el nicaragüense y otros poetas argentinos. Lugones encabeza el movimiento modernista en Argentina, y durante casi tres décadas es el poeta más destacado en su país. En l938, se suicidó.

Lugones es ante todo un magnífico poeta en constante búsqueda de nuevas formas. Pasa de un romanticismo reminiscente de Victor Hugo (*Las Montañas de Oro-1897*), a través de un modernismo inspirado en Darío (*Los Crepúsculos del Jardín-1905*) y del simbolismo de su *Lunario Sentimental* (1909), a poemas en los que lo esencial argentino, lo tradicional, el campo y los hombres que lo habitan son sus principales fuentes de inspiración.

Leopoldo Lugones es también un excelente prosista. De su colección *Las Fuerzas Extrañas* (1906) hemos seleccionado *Yzur*, un cuento en el que la irrealidad y la ciencia ficción sirven de fondo para una penetrante meditación sobre el comportamiento humano.

YZUR

Compré el mono en el remate de un circo que había quebrado. La primera vez que se me ocurrió tentar la experiencia a cuyo relato están dedicadas estas líneas, fué una tarde, leyendo no sé dónde, que los naturales de Java atribuían la falta de lenguaje articulado en los monos a la abstención, no a la incapacidad. "No hablan, decían, para que no los hagan trabajar."

Semejante idea, nada profunda al principio, acabó por preocuparme hasta convertirse en este postulado antropológico:

Los monos fueron hombres que por una u otra razón dejaron de hablar. El hecho produjo la atrofia de sus órganos de fonación y de los centros cerebrales de lenguaje; debilitó casi hasta suprimirla la relación entre unos y otros, fijando el idioma de la especie en el grito inarticulado, y el humano primitivo descendió a ser animal.

Claro está que si llegara a demostrarse esto, quedarían explicadas desde luego todas las anomalías que hacen del mono un ser tan singular; pero ello no tendrá sino una demostración posible: volver el mono al lenguaje.

Entretanto había corrido el mundo con el mío, vinculándolo cada vez más por medio de peripecias y aventuras. En Europa llamó la atención, y de haberlo querido, llego a darle la celebridad de un *Cónsul;* pero mi seriedad de hombre de negocios mal se avenía con tales payasadas.

Trabajado por mi idea fija del lenguaje de los monos, agoté toda la bibliografía concerniente al problema, sin ningún resultado apreciable. Sabía únicamente, con entera seguridad, *que no hay ninguna razón científica para que el móno no hable.* Esto llevaba cinco años de meditaciones.

Yzur (nombre cuyo origen nunca pude descubrir, pues lo ignoraba igualmente su anterior patrón), Yzur era ciertamente un animal notable. La educación de circo, bien que reducida casi enteramente al mimetismo, había desarrollado mucho sus facultades; y esto era lo que me incitaba más a ensayar sobre él mi en apariencia disparatada teoría.

Por otra parte, sábese que el chimpancé es uno de los más dóciles, lo cual aumentaba mis probabilidades. Cada vez que lo veía avanzar en dos pies, con las manos a la espalda para conservar el equilibrio, y su aspecto de marinero borracho, la convicción

71

de su humanidad detenida se vigorizaba en mí.

No hay a la verdad razón alguna para que el mono no articule absolutamente. Su lenguaje natural, es decir el conjunto de gritos con que se comunica a sus semejantes, es asaz variado; su laringe, por más distinta que resulte de la humana, nunca lo es tanto como la del loro, que habla, sin embargo; y en cuanto a su cerebro, fuera de que la comparación con el de este último animal desvanece toda duda, basta recordar que el del idiota es también rudimentario, a pesar de lo cual hay cretinos que pronuncian algunas palabras. Por lo que hace a la circunvolución de Broca, depende, es claro, del desarrollo total del cerebro; fuera de que no está probado que ella sea *fatalmente* el sitio de localización del lenguaje. Si es el caso de localización mejor establecido en anatomía, los hechos contradictorios son desde luego incontestables.

Felizmente los monos tienen, entre sus muchas malas condiciones, el gusto por aprender, como lo demuestra su tendencia imitativa; la memoria feliz, la reflexión que llega hasta una profunda facultad de disimulo, y la atención comparativamente más desarrollada que en el niño. Es, pues, un sujeto pedagógico de los más favorables.

El mío era joven además, y es sabido que la juventud constituye la época más intelectual del mono. La dificultad estribaba solamente en el método que emplearía para comunicarle la palabra.

Conocía todas las infructuosas tentativas de mis antecesores; y está de más decir que, ante la competencia de algunos de ellos y la nulidad de todos sus esfuerzos, mis propósitos fallaron más de una vez cuando el tanto pensar sobre aquel tema fué llevándome a esta conclusión:

Lo primero consiste en desarrollar el aparato de fonación del mono.

Así es, en efecto, cómo se procede con los sordomudos antes de llevarlos a la articulación; y no bien hube reflexionado sobre esto, cuando las analogías entre el sordomudo y el mono se agolparon en mi espíritu.

Primero de todo, su extraordinaria movilidad mímica que compensa al lenguaje articulado, demostrando que no por dejar de hablar se deja de pensar, así haya disminución de esta facultad por la paralización de aquélla. Después, otros caracteres más peculiares por ser más específicos: la diligencia en el trabajo, la fidelidad, el coraje aumentados hasta la certidumbre por estas dos condiciones cuya comunidad es verdaderamente reveladora: la facilidad para los ejercicios de equilibrio y la resistencia al mareo.

Decidí, entonces, empezar mi obra con una verdadera gimnasia de los labios y de la lengua de mi mono, tratándolo en esto como a un sordomudo. En lo restante, me favorecería el oído para establecer comunicaciones directas de palabra, sin necesidad de apelar al tacto. El lector verá que en esta parte prejuzgaba con demasiado optimismo.

Felizmente, el chimpancé es de todos los grandes monos el que tiene labios más movibles; y en el caso particular, habiendo padecido Yzur de anginas, sabía abrir la boca para que se la examinaran.

La primera inspección confirmó en parte mis sospechas. La lengua permanecía en el fondo de su boca, como una masa inerte, sin otros movimientos que los de la deglución. La gimnasia produjo luego su efecto, pues a los dos meses ya sabía sacar la lengua para burlar. Ésta fue la primera relación que conoció entre el movimiento de su lengua y una idea; una relación perfectamente acorde con su naturaleza, por otra parte.

Los labios dieron más trabajo, pues hasta hubo que estirárselos con pinzas; pero apreciaba—quizá por mi expresión—la importancia de aquella tarea anómala y la acometía con viveza. Mientras yo practicaba los movimientos labiales que debía imitar, permanecía sentado, rascándose la grupa con su brazo vuelto hacia atrás y guiñando en una concentración dubitativa, o alisándose las patillas con todo el aire de un hombre que armoniza sus ideas por medio de ademanes rítmicos. Al fin aprendió a mover los labios.

Pero el ejercicio del lenguaje es un arte difícil, como lo prueban los largos balbuceos del niño, que lo llevan, paralelamente con su desarrollo intelectual, a la adquisición del hábito. Está demostrado, en efecto, que el centro propio de las inervaciones vocales se halla asociado con el de la palabra en forma tal que el desarrollo normal de ambos depende de su ejercicio armónico; y esto ya lo había presentado en 1785 Heinicke, el inventor del método oral para la enseñanza de los sordumudos, como una consecuencia filosófica. Hablaba de una "concatenación dinámica de las ideas," frase cuya profunda claridad honraría a más de un psicólogo contemporáneo.

Yzur se encontraba , respecto al lenguaje, en la misma situación del niño que antes de hablar entiende ya muchas palabras; pero era mucho más apto para asociar los juicios que debía poseer sobre las cosas, por su mayor experiencia de la vida.

Estos juicios, que no debían ser sólo de impresión, sino también inquisitivos y disquisitivos, a juzgar por el carácter diferencial que asumían, lo cual supone un raciocinio abstracto, le daban un grado superior de inteligencia muy favorable por cierto a mi propósito.

Si mis teorías parecen demasiado audaces, basta con reflexionar que el silogismo, o sea el argumento lógico fundamental, no es extraño a la mente de muchos animales. Como que el silogismo es originariamente una comparación entre dos sensaciones. Si no, ¿por qué los animales que conocen al hombre huyen de él, y no aquellos que nunca lo conocieron? . . .

Comencé, entonces, la educación fonética de Yzur.

Tratábase de enseñarle primero la palabra mecánica, para llevarlo progresivamente a la palabra sensata.

Poseyendo el mono la voz—es decir, llevando esto de ventaja al sordumudo, con más ciertas articulaciones rudimentarias—tratábase de enseñarle las modificaciones de acquélla, que constituyen los fonemas y su articulación, llamada por los maestros estática o dinámica, según que se refiera a las vocales o a las consonantes.

Dada la glotonería del mono, y siguiendo en esto un método empleado por Heinicke con los sordomudos, decidí asociar cada vocal con una golosina: *a* con papa; *e* con leche; *i* con vino; *o* con coco; *u* con azúcar—haciendo de modo que la vocal estuviese contenida en el nombre de la golosina, ora con dominio único y repetido como en *papu, coco, leche,* ora reuniendo los dos acentos, tónico y prosódico, es decir como sonido fundamental: *vino, azúcar.*

Todo anduvo bien, mientras se trató de las vocales, o sea los sonidos que se forma con la boca abierta. Yzur los aprendió en quince días. La *u* fué lo que más le costó pronunciar.

Las consonantes diéronme un trabajo endemoniado; y a poco hube de comprender que nunca llegaría a pronunciar aquéllas en cuya formación entran los dientes y las encías. Sus largos colmillos lo estorbaban enteramente.

El vocabulario quedaba reducido, entonces, a las cinco vocales; la *b*, la *k*, la *m*, la *g*, la *f*, y la *c*, es decir todas aquellas consonantes en cuya formación no intrevienen sino el paladar y la lengua.

Aun para esto no me bastó el oído. Hube de recurrir al tacto como con un sordomudo, apoyando su mano en mi pecho y luego en el suyo para que sintiera las vibraciones del sonido.

Y pasaron tres años, sin conseguir que formara palabra alguna. Tendía a dar a las cosas, como nombre propio, el de la letra cuyo sonido predominaba en ellas. Esto era todo.

En el circo había aprendido a ladrar, como los perros, sus compañeros de tareas; y cuando me veía desesperar ante las vanas tentativas para arrancarle la palabra, ladraba fuertemente como dándome todo lo que sabía. Pronunciaba aisladamente las vocales y consonantes, pero no podía asociarlas. Cuando más, acertaba con una repetición vertiginosa de *pes* y de *emes*.

Por despacio que fuera, se había operado un gran cambio en su carácter. Tenía menos movilidad en las facciones, la mirada más profunda, y adoptaba posturas meditabundas. Había adquirido, por ejemplo, la costumbre de contemplar las estrellas. Su sensibilidad se desarrollaba igualmente; íbasele notando una gran facilidad de lágrimas.

Las lecciones continuaban con inquebrantable tesón, aunque sin mayor éxito. Aquello había llegado a convertirse en una obsesión dolorosa, y poco a poco sentíame inclinado a emplear la fuerza. Mi carácter iba agriándose, con el fracaso, hasta asumir una sorda animosidad contra Yzur. Este se intelectualizaba más, en el fondo de su mutismo rebelde, y empezaba a convencerme de que nunca lo sacaría de allí, cuando supe de golpe que no hablaba porque no quería.

El cocinero, horrorizado, vino a decirme una noche que había sorprendido al mono "hablando verdaderas palabras." Estaba, según su narración, acurrucado junto a una higuera de la huerta; pero el terror le impedía recordar lo esencial de esto, es decir, las palabras. Sólo creía retener dos: *cama y pipa*. Casi le doy de puntapiés por su imbecilidad.

No necesito decir que pasé la noche poseído de una gran emoción; y lo que en tres años no había cometido, el error que todo lo echó a perder, provino del enervamiento de aquel desvelo, tanto como de mi excesiva curiosidad.

En vez de dejar que el mono llegura naturalmente a la manifestación del lenguaje, llamélo al día siguiente y procuré imponérsela por obediencia.

No conseguí sino las *pes* y las *emes* con que me tenía harto, las guiñadas hipócritas y—Dios me perdone—una cierta vislumbre de ironía en la azogada ubicuidad de sus muecas.

Me encolericé, y sin consideración alguna, le dí de azotes. Lo único que logré fué su llanto y un silencio absoluto que excluía hasta los gemidos.

A los tres días cayó enfermo, en una especie de sombría demencia complicada con síntomas de meningitis. Sanguijuelas, afusiones frías, purgantes, revulsivos cutáneos, alcoholaturo de brionia, bromuro—toda la terapéutica del espantoso mal le fue aplicada. Luché con desesperado brío, a impulsos de un remordimiento y de un temor. Aquél por creer a la bestia una víctima de mi crueldad; éste por la suerte del secreto que quiza se llevaba a la tumba.

Mejoró al cabo de mucho tiempo, quedando, no obstante, tan débil, que no podía moverse de la cama. La proximidad de la muerte habíalo ennoblecido y humanizado. Sus ojos llenos de gratitud, no se separaban de mí, siguiéndome por toda la habitación como dos bolas giratorias, aunque estuviese detrás de él; su mano buscaba las mías en una intimidad de convalecencia. En mi gran soledad, iba adquiriendo rápidamente la importancia de una persona.

El demonio del análisis, que no es sino una forma del espíritu de perversidad, impulsábame, sin embargo, a renovar mis experiencias. En realidad el mono había hablado. Aquello no podía quedar así.

Comencé muy despacio, pidiéndole las letras que sabía pronunciar. ¡Nada! Dejélo solo durante horas, espiándolo por un agujerillo del tabique. ¡Nada! Habléle con oraciones breves, procurando tocar su fidelidad o su glotonería. ¡Nada! Cuando aquéllas eran patéticas, los ojos se le hinchaban de llanto. Cuando le decía una frase habitual, como el "yo soy tu amo" con que empezaba todas mis lecciones, o el "tú eres mi mono" con que completaba mi anterior afirmación, para llevar a su espíritu la certidumbre de una verdad total, él asentía cerrando los párpados; pero no producía un sonido, ni siquiera llegaba a mover los labios.

Había vuelto a la gesticulación como único medio de comunicarse conmigo; y este detalle, unido a sus analogías con los sordomudos, redoblaba mis precauciones, pues nadie ignora la gran predisposición de estos últimos a las enfermedades mentales. Por momentos deseaba que se volviera loco, a ver si el delirio rompía al fin su silencio.

Su convalecencia seguía estacionaria. La misma flacura, la misma tristeza. Era evidente que estaba enfermo de inteligencia y de dolor. Su unidad orgánica habíase roto al impulso de una cerebración anormal, y día más, día menos, aquél era caso perdido.

Mas, a pesar de la mensedumbre que el progreso de la enfermedad aumentaba en él, su silencio, aquel desesperante silencio provocado por mi exasperación, no cedía. Desde un obscuro fondo de tradición petrificada en instinto, la raza imponía su milenario mutismo al animal, fortaleciéndose de voluntad atávica en las raíces mismas de su ser. Los antiguos hombres de la selva, que forzó al silencio, es decir al suicidio intelectual, quién sabe qué bárbara injusticia, mantenían su secreto formado por misterios de bosque y abismos de prehistoria, en aquella decisión ya inconsciente, pero formidable con la inmensidad de su tiempo.

Infortunios del antropoide retrasado en la evolución, cuya delantera tomaba el humano con un despotismo de sombría barbarie, habían, sin duda, destronado a las grandes familias cuadrúmanas del dominio arbóreo de sus primitivos edenes, raleando sus filas, cautivando sus hembras para organizar la esclavitud desde el propio vientre materno, hasta infundir a su impotencia de vencidas el acto de dignidad mortal que las llevaba a romper con el enemigo el vínculo, superior también, pero infausto, de la palabra, refugiándose como salvación suprema en la noche de la animalidad.

Y qué horrores, qué estupendas sevicias no habrían cometido los vencedores con la semibestia en trance de evolución, para que ésta, después de haber gustado el encanto intelectual que es el fruto paradisiaco de las biblias, se resignara a aquella claudicación de su estirpe en la degradante igualdad de los inferiores; a aquel retrocesco que cristalizaba por siempre su inteligencia en los gestos de un automatismo de acróbata; a aquella gran cobardía de la vida que encorvaría eternamente, como en distintivo bestial, sus espaldas de dominado, imprimiéndole ese melancólico azoramiento que permanece en el fondo de su caricatura.

He aquí lo que, al borde mismo del éxito, había despertado mi malhumor en el fondo del limbo atávico. A través del millón de años, la palabra, con su conjuro, removía la antigua alma simiana; pero contra esa tentación que iba a violar las tinieblas de la animalidad protectora, la memoria ancestral, difundida en la especie bajo un instintivo horror, oponía también edad sobre edad como una muralla.

Yzur entró en agonía sin perder el conocimiento. Una dulce agonía a ojos cerrados, con respiración débil, pulso vago, quietud absoluta, que sólo interrumpía para volver de cuando en cuando hacia mí, con una desgarradora expresión de eternidad, su cara de viejo mulato triste. Ya la última tarde, la tarde de su muerte, fue cuando ocurió la cosa extraordinaria que me ha decidido a emprender esta narración.

Habíame dormitado a su cabecera, vencido por el calor y la quietud del crepúsculo que empezaba, cuando sentí de pronto que me asían por la muñeca.

Desperté sobresaltado. El mono, con los ojos muy abiertos, se moría definitivamente aquella vez, y su expresión era tan humana, que me infundió horror; pero su mano, sus ojos, me atraían con tanta elocuencia hacia él, que hube de inclinarme inmediato a su rostro; y entonces, con su último suspiro, el último suspiro que coronaba y desvanecía a la vez mi esperanza, brotaron—estoy seguro—brotaron en un murmullo (¡cómo explicar el tono de una voz que ha permanecido sin hablar diez mil siglos!) estas palabras cuya humanidad reconciliaba las especies:

—AMO, AGUA, AMO, MI AMO . . .

LOS MENSU

—**Horacio Quiroga** *(Uruguay, 1878-1937)* nació en El Salto, Uruguay. Vivió en Montevideo, viajó por Europa y volvió a Buenos Aires, donde residió durante los últimos treinta y cinco años de su vida, si exceptuamos una larga estancia en el territorio de Misiones.

Aunque Quiroga escribió novelas, teatro e incluso intentó la poesía, él es ante todo un gran creador de narraciones breves. Sus confesados maestros fueron Poe, Maupassant, Kipling y Chejov, aunque pronto encontró su estilo personal que lo llevó a ocupar un lugar de privilegio entre los narradores hispanoamericanos.

Su carrera literaria empieza en 1901 con un libro de poesía (*Los Arrecifes de Coral*). En 1904 publica *El Crimen del Otro,* su primera colección de cuentos, y ya en su total plenitud aparecen *Cuentos de amor, de locura y de muerte (1917), Cuentos de la Selva (1918), El Salvaje (1920), Anaconda (1921), El Desierto (1924), La Gallina Degollada y Otros Cuentos (1925), Los Desterrados (1926) y Más Allá (1935).*

Los Mensú pertenece a la colección *Cuentos de Amor, de Locura y de Muerte.* La acción se localiza en las selvas de Misiones, provincia argentina situada entre los ríos Paraná y Uruguay de la que Posadas es la capital.

LOS MENSU

Cayetano Maidana y Esteban Podeley, peones de obraje, volvían a Posadas en el vapor sílex con quince compañeros. Podeley volvía después de nueve meses de trabajo, la contrata concluida y con pasaje gratis, por lo tanto. Cayetano llegaba con iguales condiciones, pero después de año y medio, tiempo necesario para pagar su cuentra.

Flacos, despeinados, la camisa abierta en largos tajos, sin zapatos como la mayoría, sucios como todos ellos, los dos mensú devoraban con los ojos la capital del bosque, Jerusalén y Gólgota de sus vidas. ¡Nueve meses allá arriba! ¡Año y medio! Pero volvían por fin y las heridas aún dolorosas de la vida de trabajo se olvidaban ya ante el gran goce que anticipaban allí.

De cien peones, sólo dos llegan a Posadas con crédito. Para esa gloria de una semana que les espera, cuentan con el anticipo de una nueva contrata.

Cayé y Podeley bajaron del vapor y, rodeados de tres o cuatro amigas, se hallaron en muy poco tiempo borrachos y con nueva contrata firmada. ¿En qué trabajo? ¿En dónde? No lo sabían, ni les importaba tampoco. Sabían, sí, que tenían cuarenta pesos en el bolsillo y crédito para llegar a mucho más en gastos. Babeantes de descanso y de dicha alcohólica, dóciles y torpes, siguieron ambos a las muchachas, que los condujeron a una tienda con la que tenían ellas un acuerdo especial, a un tanto por ciento. Allí las muchachas se compraron vestidos y adornos con los pesos robados a sus compañeros.

Mientras Cayé se compró bastantes extractos y lociones para bañar de perfume su ropa nueva, Podeley, con más juicio, insistía en un traje de lana. Posiblemente pagaron muy cara la cuenta, pero de todos modos, una hora después subieron a un coche, con zapatos nuevos, poncho al hombro y revólver 44 en el cinto, por supuesto, y con los bolsillos llenos de cigarrillos. Los acompañaban dos muchachas, muy orgullosas de la riqueza de los mensú, que llevaban consigo mañana y tarde por las calles un olor de tabaco negro y de perfumes.

La noche llegaba por fin y con ella los bailes, donde las mismas muchachas inducían a beber a los mensú, cuya riqueza en dinero de anticipo les hacía lanzar diez pesos por una botella de cerveza, para recibir en cambio un peso cuarenta, que guardaban sin mirarlo siquiera.

Así, después de constantes gastos de nuevos anticipos — necesidad irresistible de compensar con siete días de vida de gran señor las miserias del obraje-el vapor Sílex volvió río arriba. Cayé y Podeley, borrachos como los demás peones, se instalaron en el puente en íntimo contacto con diez mulas, baúles y atados, perros, mujeres y hombres.

Al día siguiente, ya claras las cabezas, Podeley y Cayé examinaron sus libretas: era la primera vez que lo hacían desde la contrata. Cayetano había recibido ciento veinte pesos en dinero y treinta y cinco en gastos; Podeley, ciento treinta y setenta y cinco, respectivamente.

Ambos se miraron con expresión que no era de asombro porque los mensualeros ya estaban acostumbrados. No recordaban haber gastado ni la quinta parte.

—¡Dios mío!. . . —murmuró Cayetano. —No voy a pagarlo nunca . . .

Y desde ese momento tuvo sencillamente la idea de escaparse de allí. Miró su revólver 44: era realmente lo único que valía de todo lo que llevaba consigo. A dos metros de él, sobre un baúl, los otros mensú jugaban con mucha concentración al monte todo lo que tenían. Cayé los observó un rato riéndose, como se ríen siempre los peones cuando están juntos, por cualquier motivo, y se acercó al baúl, colocando a una carta y sobre ella cinco cigarros.

Modesto principio, que le ganaría posiblemente el dinero suficiente para pagar el anticipo ya recibido y volverse en el mismo vapor a Posadas a gastar un nuevo anticipo.

Perdió; perdió los demás cigarros, perdió cinco pesos, el poncho, sus propios zapatos. Al día siguiente recobró los zapatos, pero nada más.

Podeley ganó, tras infinitos cambios de dueño, una caja de jabones de olor que jugó contra un machete y media docena de medias, quedando muy satisfecho.

Habían llegado por fin. Los peones treparon por la interminable senda roja hasta lo alto, desde donde el Sílex aparecía pequeñito y hundido en el río triste. Y con gritos y blasfemias despidieron alegremente el vapor.

Para Podeley, labrador de madera, que ganaba hasta siete pesos diarios, la vida de obraje no era dura. Acostumbrado a ella, comenzó su nuevo trabajo al día siguiente, una vez indicada su zona de bosque. Construyó con hojas de palma su cobertizo-techo y una pared, nada más—; se arregló una cama con ocho palos horizontales, y en la pared colgó las provisiones para la semana. Recomenzó, automáticamente, sus días de obraje: silenciosos mates al levantarse, de noche aún; la exploración en busca de madera; el desayuno a las ocho; otra vez a trabajar, con el pecho desnudo, cuyo sudor traía moscas y mosquitos; después el almuerzo: frijoles y maíz flotando en grasa; para concluir de noche, tras nueva lucha con el bosque, con el yopará del mediodía.

Así seguía el trabajo hasta el sábado por la tarde. Lavaba entonces su ropa y el domingo iba al almacén para comprar provisiones. Este era el real momento de diversión para los mensú, a pesar de que subían constantemente los precios. El mismo fatalismo que aceptaba esta injusticia les dictaba el deber elemental de vengarse trabajando lo menos posible. Y si esta ambición no estaba en todos los pechos, todos los peones comprendían ese sentido de injusticia y odio profundo hacia el patrón. Este, por su parte, vigilaba noche y día a su gente, y en especial a los mensualeros.

Cayetano, entretanto, meditaba siempre su fuga. Por fortuna, había guardado con mucho cuidado su 44, que necesitaría para protegerse contra el winchester del patrón.

Era a fines de otoño y la lluvia constante enfermaba a los mensú. Podeley, libre de esto hasta entonces, se sintió un día tan cansado al llegar a trabajar que se detuvo mirando a todas partes sin tener ánimo para nada. Volvió a su cobertizo y en el camino sintió un ligero cosquilleo en la espalda.

Sabía muy bien qué eran aquel cansancio y aquel cosquilleo. Se sentó filosóficamente a tomar mate, y media hora después un escalofrío hondo y largo le pasó por la espalda bajo la camisa: el chucho.

No había nada que hacer. Se echó en la cama temblando de frío, doblado bajo el poncho mientras los dientes castañeteaban continuamente.

Al día siguiente el ataque, no esperado hasta la noche, volvió a mediodía, y Podeley fue al almacén a pedir quinina. Tan claramente se veía el chucho en la cara del mensú que el dependiente bajó los paquetes sin mirar casi al enfermo, quien puso tranquilamente sobre la lengua aquella terrible amargura. Al volver al bosque, encontró al patrón.

—¡Tú tambien!—le dijo éste mirándolo.—Ya son cuatro. Los otros no importan . . . poca cosa. Pero tú nos debes dinero . . . ¿Cómo está tu cuenta?

—La tengo casi toda pagada . . . pero no voy a poder trabajar . . .

—¡Bah! Cúrate bien y no es nada . . . Hasta mañana.

—Hasta mañana,—dijo Podeley, dándose prisa, porque en los pies acababa de sentir un pequeño cosquilleo.

El tercer ataque comenzó una hora después, y Podeley quedó completamente sin fuerzas, con la mirada fija y torpe, como si no pudiera andar más de uno o dos metros.

El descanso absoluto que tuvo por tres días no hizo más que convertirle en un bulto doblado temblando y castañeteando en la cama. Podeley, cuyas fiebres pasadas habían tenido honrado y periódico ritmo, no esperaba nada bueno de estos ataques continuos. Hay fiebre y fiebre. Si la quinina no había terminado el segundo ataque, era inútil quedarse allá arriba a morir. Y bajó de nuevo al almacén.

—¡Tú otra vez!-le dijo el patrón.—Eso no anda bien . . . ¿No tomaste quinina?

—La tomé . . . No puedo sufrir más esta fiebre . . . No puedo trabajar. Si quieres darme dinero para mi pasaje, te lo pagaré en cuanto esté bueno . . .

El patrón contempló aquella ruina, y no estimó en gran cosa la poca vida que quedaba allí.

—¿Cómo está tu cuenta?—preguntó otra vez.

—Debo veinte pesos todavía . . . Te pagué algo el sábado . . . Me hallo muy enfermo . . .

—Sabes bien que mientras tu cuenta no esté pagada debes quedar. Abajo . . . puedes morirte. Cúrate aquí y pagarás tu cuenta después.

¿Curarse de una fiebre perniciosa allí donde se la adquirió? No, por cierto; pero el mensú que se va puede no volver, y el patrón prefería hombre muerto a deudor lejano.

Podeley jamás había dejado de cumplir nada—única altanería que se permite ante su patrón un mensú.

—¡No me importa que hayas dejado o no de cumplir!—continuó el patrón. ¡Paga tu cuenta primero, y después hablaremos!

Esta injusticia le hizo pensar inmediatamente en vengarse. Fue a vivir con Cayé, cuyo espíritu conocía bien, y ambos decidieron escaparse el próximo domingo.

—Anoche se han escapado tres peones—le gritó el patrón a Podeley al encontrarlo esa misma tarde.—Eso es lo que te gusta ¿no? ¡Esos también me debían dinero! ¡Como tú! ¡Pero vas a morir aquí antes que salir del bosque! ¡Y mucho cuidado, tú y todos los que están escuchando! ¡Ya saben!

La decisión de huir y sus peligros—para los que el mensú necesita todas sus fuerzas—es capaz de contener algo más que una fiebre perniciosa. El domingo, por lo demás, había llegado; y con pretexto de ir a lavar la ropa, pudieron burlar la vigilancia del patrón, y Podeley y Cayetano se encontraron de pronto a mil metros del almacén.

Mientras no se sentían perseguidos no querían abandonar la senda porque Podeley caminaba mal. Y aun así . . .

La resonancia peculiar del bosque les trajo de lejos una voz que gritaba:

—¡Disparen a la cabeza! ¡A los dos!

Y un momento después aparecieron por un recodo de la senda el patrón y tres peones corriendo. La caza comenzaba.

Cayetano amartilló su revólver sin dejar de huir.

—¡Entréguense!—les gritó el patrón.

—Entremos en el bosque—dijo Pondeley.—Yo no tengo fuerza para mi machete.

—¡Vuelve o te tiro!—llegó otra voz.

—Cuando estén más cerca . . .—comenzó Cayé. Una bala de wínchester pasó por la senda.

—¡Entra!—gritó Cayé a su compañero. Y ocultándose tras un árbol disparó hacia allá los cinco tiros de su revólver.

Un grito agudo les respondió, mientras otra bala de wínchester dio contra el árbol.

—¡Entrégate o te voy a matar! . . .

—¡Anda, anda!—insistió Cayetano a Podeley.—Yo voy a . . .

Y después de disparar otra vez entró en el bosque.

Los otros, detenidos un momento por las explosiones, se lanzaron adelante, disparando golpe tras golpe de wínchester, siguiendo a los fugitivos.

A cien metros de la senda, y paralelos a ella, Cayetano y Pondeley se alejaban, doblados hasta el suelo para evitar las lianas. Los otros sabían dónde estaban; pero como dentro del bosque el que ataca tiene cien probabilidades contra una de recibir una bala en

mitad de la frente, el patrón se contentaba con disparar su wínchester y gritar amenazas.

El peligro había pasado. Los fugitivios se sentaron cansadísi-
mos. Podeley se cubrió con el poncho y, apoyado en la espalda
de su compañero, sufrió en dos terribles horas de chucho la
reacción de aquel esfuerzo.

Continuaron la fuga, siempre paralelos a la senda, y cuando la
noche llegó por fin, acamparon. El sol estaba muy alto ya cuando,
a la mañana siguiente, encontraron el río, primera y última esperanza de los escapados. Cayetano cortó doce cañas y Podeley,
cuyas últimas fuerzas fueron dedicadas a cortar lianas, tuvo apenas tiempo de hacerlo antes de otro ataque de chucho. Cayetano,
pues, construyó solo la jangada y diez segundos después de
terminarla se embarcaron. La jangada, llevada por la corriente,
entró en el Paraná.

Las noches son, en esa época, excesivamente frescas, y los dos
mensú, con los pies en el agua, pasaron la noche helados, uno
frente al otro. La corriente del Paraná, aumentada de inmensas
lluvias, retorcía la jangada y deshacía lentamente los nudos de
lianas.

En todo el día siguiente comieron dos tortillas, último resto de
provisión, que Pondeley probó apenas. Las cañas, golpeadas por la
corriente, se hundían poco a poco, y al caer la tarde la jangada
había descendido casi al nivel del agua.

Sobre el río salvaje, pasando entre las dos murallas tristes del
bosque completamente desierto, los dos hombres, sumergidos
hasta la rodilla, siguieron río abajo, girando sobre la jangada,
sosteniéndose apenas sobre las cañas casi separadas que se
escapaban de sus pies, en una noche negra en que no vieron nada
sus ojos desesperados.

El agua les llegaba ya al pecho cuando tocaron tierra. ¿Dónde?
No lo sabían . . . Un campo de paja. Pero en la misma orilla del río
quedaron inmóviles, boca abajo.

Ya brillaba el sol cuando despertaron. Podían ver, a unos cuatrocientos metros al sur, el río Paraná, que decidieron vadear cuando
hubieran recobrado las fuerzas. Pero éstas no volvían rápidamente,
como no habían comido casi nada. Y durante veinte horas la fuerte
lluvia transformó los dos ríos en torrentes. ¡Todo imposible! Podeley se incorporó de pronto, apoyándose en el revólver para levantarse, y apuntó a Cayé. Le estaba quemando la fiebre.

—¡Anda, vete de aquí! . . .

Cayé vio que poco podía esperar de aquel delirio, y se inclinó para alcanzar a su compañero con un palo. Pero el otro insistió:

—¡Anda al agua! ¡Tú me trajiste hasta aquí! ¡Déjame ahora!

Los dedos lívidos del enfermo temblaban sobre el gatillo.

Cayé obedeció; se dejó llevar un poco por la corriente; desapareció tras el campo de paja; y después de un esfuerzo tremendo salió a la orilla.

Desde allí volvió para mirar a su compañero; pero Podeley estaba doblado de nuevo en el suelo, con las rodillas hasta el pecho, bajo la lluvia incesante. Cuando Cayetano se acercó, alzó la cabeza, y sin abrir casi los ojos, murmuró:

—Cayé . . . caray . . . Frío muy grande . . .

Llovía aún toda la noche sobre el moribundo la lluvia blanca y fuerte, hasta que al amanecer Podeley quedó inmóvil para siempre en su tumba de agua.

Y en el mismo campo de paja, sitiado siete días por el bosque, el río y la lluvia, Cayetano comió las pocas raíces y gusanos que podía hallar, perdió poco a poco sus fuerzas, hasta quedar sentado, muriéndose de frío y hambre, con los ojos fijos en el Paraná.

El vapor Sílex, que pasó por allí al anochecer, recogió al mensú ya casi moribundo. Su felicidad se transformó en terror al darse cuenta al día siguiente de que el vapor subía río arriba.

—¡Por Dios te pido!—lloró ante el capitán.—¡No me bajen en Puerto X! —¡Me van a matar! —¡Te lo pido por Dios!

El Sílex volvió río abajo a Posadas llevando consigo al mensú, todavía enfermo y delirante.

Pero diez minutos después de bajar a tierra en Posadas estaba ya borracho con nueva contrata, y se iba hacia la tienda a comprar lociones.

Crisis
económica
golpea

Las intervenciones de EE.UU.

Cen américa

Ultra derecha

Reforma
Agraria:

tierra
para los
campesinos

La violencia y la paz

en El Salvador

La verdad es
un arma de
la Revolución

AMERICA LATINA

Latinoamérica (o, para otros, Hispanoamérica o Iberoamérica) es un conjunto de diecinueve naciones—dieciséis en el continente y tres islas—que están situadas entre los Estados Unidos, al Norte, y la Tierra de Fuego, al Sur.

México
México (Estados Unidos Mexicanos) es una República Federal que limita al Norte con los Estados Unidos, al Este con el Golfo de México y el Caribe, al Sur con Guatemala y Belize, y al Oeste con el Océano Pacífico. Su capital es la Ciudad de México (México, D.F.), la urbe más poblada del mundo (20 millones de habitantes). Otras ciudades importantes son Guadalajara, Monterrey, Veracruz y Tampico.

México, con alrededor de 90.000.000 de habitantes, es el país de habla hispana más poblado. La mayoría de los mexicanos (65%) son mestizos descendientes de indios (olmecas, mayas, toltecas o aztecas) y españoles; el 29% son indios. La lengua oficial es el español y la religión predominante es la católica.

La extensión de México es de 1,972,549 km², cuatro veces más pequeña que los Estados Unidos. Su moneda es el peso. La renta per cápita es de 2.000 dólares aproximadamente. La industria mejicana se basa en los productos derivados del petróleo, del cual hay grandes reservas en el subsuelo. La minería también incluye la plata, el oro, el zinc, el cobre y el carbón. Otros productos son el algodón, el café, la caña de azúcar, frutas, cereales y la ganadería. El turismo es otra importante fuente de ingresos.

AMERICA CENTRAL

Guatemala
Guatemala es una república que limita al Norte con México, al Este con Belize, al Sur con Honduras y El Salvador, y al Oeste con el Océano Pacífico. Su capital es la Ciudad de Guatemala (1.800.000 habitantes). Otras ciudades importantes son Quezaltenango, San Pedro Carcha y Antigua.

Guatemala tiene una extensión de 108.889 km², y una población aproximada de 6.000.000 de habitantes. Más del 50 % de los guatemaltecos son indios, y la mayoría del resto ladinos (mestizos de indios y blancos). La lengua oficial es el español y la religión predominate es la católica. Su moneda es el quetzal, y la renta per cápita es de unos 1.000 dólares.

Su economía depende absolutamente del comercio exterior, siendo sus principales clientes Estados Unidos y Alemania Occidental, y sus productos más importantes el café, las bananas y el algodón.

Honduras

La República de Honduras limita al Norte con Guatemala y el Mar Caribe, al Este con el Caribe, al Sur con Nicaragua, y al Oeste con El Salvador y el Océano Pacífico. Sus ciudades más importantes son la capital, Tegucigalpa (575.000 habitantes) y San Pedro Sula. La población total de Honduras es de alrededor de 5.300.000 habitantes; la mayoría es mestiza (indios y blancos), con dos pequeñas minorías de negros e indios. La lengua oficial es la española y la religión mayoritaria es la católica. La libertad religiosa está garantizada por la constitución.

La extensión de Honduras es de 112.088 km². Su moneda es la lempira. La renta per cápita es de 850 dólares.

Su economía se centra casi exclusivamente en la agricultura, siendo su base el cultivo del banano, y su principal cliente los Estados Unidos.

El Salvador

La República de El Salvador limita al Norte con Guatemala y Honduras, al Este con Honduras, al Sur con el Océano Pacífico, y al Oeste con Guatemala. Su capital es San Salvador (1.400.000 habitantes en 1987). Otras ciudades importantes son San Miguel y San Vicente.

En 1989, la población total de El Salvador era de 5.548.000 habitantes, de los cuales el 89% son mestizos y el 10% indios. La lengua oficial es el español y la religión mayoritaria es la católica.

La extensión de El Salvador es de 21.393 km². Su renta per cápita era en 1986 de 700 dólares. La moneda es el colón.

Su economía se basa casi exclusivamente en la agricultura, y dentro de ésta, en la producción de café, caña de azúcar, maíz y algodón. Hay una incipiente industria textil, de envasado de alimentos y bebidas y de productos derivados del petróleo.

Nicaragua

La República de Nicaragua limita al Norte con Honduras, al Este con el Mar Caribe, al Sur con Costa Rica, y al Oeste con el Océano Pacífico. Su capital es Managua (1.000.000 de habitantes). Otras ciudades importantes son León, Granada y Matagalpa.

Nicaragua tiene una extensión de 148.000 km², y una población, en 1989, de 3.700.000 habitantes. El 69% de los nicaragüenses son mestizos; el 17%, blancos; el 9%, negros; y el 5%, indios. La lengua oficial es el español, aunque también se habla el inglés en algunas partes de la costa del Caribe. El 95% de la población practica la religión católica.

La base de la economía de Nicaragua es predominantemente agrícola, y sus principales productos son el algodón, el café, la caña de azúcar, frutas, el cacao y el tabaco. Su industria incluye la refinería de azúcar, tejidos, productos alimenticios y refinería de petróleo. La renta per cápita era en 1985 de 868 dólares. Su moneda es el córdoba.

Costa Rica

La República de Costa Rica limita al Norte con Nicaragua, al Este con el Mar Caribe, al Sur con Panamá, y al Oeste con el Océano Pacáfico. Su capital es San José (250.000 habitantes). Otras ciudades importantes son Limón y Alajuela.

En 1989, la población total se estimaba en 2.922.000 habitantes, de los cuales la mayoría es blanca y una minora mestiza. El idioma oficial es el español. El 95% de los costarricenses son católicos.

La extensión de Costa Rica es de 50.894 km². Su renta per cápita era en 1985 de 1.352 dólares. La moneda es el colón.

Desde la guerra civil de 1948-49, Costa Rica disfruta de una estabilidad política y social muy superior a la de sus vecinos. La agricultura (café, bananas, azúcar, algodón), la ganadería, la pesca y una incipiente industria son las bases de su economía.

Panamá

La República de Panamá limita al Norte con el Mar Caribe, al Este con Colombia, al Sur con el Océano Pacífico, y al Oeste con Costa Rica. Su capital es la ciudad de Panamá (439.000 habitantes en 1987). Otra ciudad importante es Colón.

Su población es de 2.400.000 habitantes, y comprende un 70% de mestizos, un 14% de negros, un 10% de blancos, y un 6% de

91

indios. La lengua oficial es el español; también se habla el inglés. El 90% de los panameños son católicos y el resto protestantes.

La extensión de Panamá es de 75.651 km . Por el tratado de 1903 (Hay-Bunan-Varilla Treaty), los Estados Unidos tienen el control de una zona que se extiende 9.7 km a ambos lados del canal interoceánico. Un nuevo tratado (1978) garantiza la gradual toma de control de dicha zona por parte de Panamá, y la también gradual retirada de las tropas estadounidenses.

La moneda de Panamá es el balboa. La renta per cápita, en 1984, era de 1970 dólares. Su economía est relativamente diversificada: comercio internacional, industrias de derivados del petróleo, agricultura (bananas, piña, coco, cacao, azúcar), ganadería, pesca, y, principalmente, banca internacional son las bases de dicha economía.

GRANDES ANTILLAS

Cuba

La República de Cuba se encuentra en la mayor de las islas Antillas, a 144 km (90 millas) de Florida. Su capital es La Habana (2.130.000 habitantes en 1986). Otras ciudades importantes son Santiago de Cuba, la antigua capital, y Camagüey.

"La perla de las Antillas" tiene una extensión de 114.525 km². En 1989, su población ascendía a 10.587.000 habitantes, la mayoría formada por blancos de ascendencia española, negros y mulatos, y una minoría de origen asiático. El 49% de los cubanos son ateos y el 42% católicos. Su idioma oficial es el español. Desde 1959, al triunfar la revolución encabezada por Fidel Castro, la estructura social y económica de Cuba está basada en la ideología comunista. Sus productos agrícolas más importantes son el azúcar (75% de las exportaciones), el tabaco, el café y fruta. En su subsuelo se encuentra cobalto, níquel, hierro, cobre y manganeso. La pesca ascendió en 1985 a 221.000 toneladas métricas. Sus casi únicos clientes—a causa del embargo impuesto por los Estados Unidos—son la Unión Soviética, China y Checoslovaquia. La moneda cubana es el peso. La renta per cápita era en 1983 de 1590 dólares.

República Dominicana

La República Dominicana comparte con Haití la isla Española, ocupando la parte oriental de la misma. Su capital es Santo Domingo (1.700.000 habitantes en 1987). Otras ciudades importantes son Santiago de los Caballeros y San Pedro de Macorís.

La República Dominicana tiene una extensión de 48.440 km², y una población de 7.307.000 habitantes (en 1989), distribuida de la siguiente manera: 73% mulatos, 16% blancos, 11% negros. El 95% practica la religión católica. Su idioma oficial es el español.

La agricultura domina la actividad económica del país. Sus principales productos son el azúcar, el café, el cacao y el tabaco, la mayor parte de los cuales exporta. La ganadería, la minería (níquel y bauxita) y el turismo están en expansión. La moneda es el peso. La renta per cápita era en 1986 de 1.221 dólares.

Puerto Rico

Puerto Rico, la más pequeña y oriental de las Grandes Antillas, es un Estado Libre Asociado a los Estados Unidos. Su capital es San Juan, con cerca de 600.000 habitantes. Otras ciudades de importancia son Ponce y Mayagüez.

En 1986, la población total de Puerto Rico se estimaba en 3.286.000 habitantes. El español, en primer lugar, y el inglés son las lenguas predominantes. La religión es la católica. Los puertorriqueños son ciudadanos estadounidenses.

La economía, totalmente dependiente de la de los americanos

del norte, gira en torno a la agricultura (café, platanos, piña, tabaco), la industria (productos farmacéuticos, productos quími-cos, maquinaria eléctrica, refinerías de petróleo), la banca, el turismo, la ganadería, la pesca y la minería. La renta per cápita era en 1985 de 4.301 dólares. Su moneda es el dólar.

AMERICA DEL SUR

Colombia

La República de Colombia limita al Norte con el Mar Caribe y Venezuela, al Este con Venezuela y Brasil, al Sur con Ecuador y Perú, y al Oeste con Panamá y el Océano Pacífico. Su capital es Bogotá (3.976.000 habitantes en el censo de 1985). Otras ciu-dades importantes son Medellín, Cali, Barranquilla y Cartagena.

En 1989 la población total se estimaba en 31.821.000 habi-tantes, de los cuales el 58% son mestizos, el 20% blancos, y el 14% mulatos. La lengua oficial es el español y la religión la católica.

Colombia tiene una extensión de 1.139.600 km². Su renta per cápita era (según el último censo de 1981) de 1.112 dólares. La moneda es el peso.

Sus principales productos agrícolas son el café (50% de las exportaciones), arroz, maíz, algodón, azúcar y bananas. (En la actualidad hay una próspera economía sumergida basada en la exportación ilegal de algunas drogas). En su subsuelo se encuen-tra petróleo, gas, esmeraldas, oro, cobre, plomo, carbón, hierro y níquel. También es importante su ganadería y la pesca.

Venezuela

La República de Venezuela limita al Norte con el Mar Caribe, al Este con Guyana y Brasil, al Sur con Brasil y Colombia, y al Oeste con Colombia. La capital es Caracas (3.247.000 habitantes en 1987). Otras ciudades importantes son Maracaibo y Valencia.

En 1989, la población de Venezuela era de 19.246.000 habi-tantes, de los cuales el 69% son mestizos, el 20% blancos, el 9% negros y el 2% indios. La lengua oficial es el español y la religión la católica.

Venezuela tiene una extensión de 912.050 km². Su renta per cápita era en 1985 de 2.629 dólares. La moneda es el bolívar. El 80% de sus ingresos provienen de la venta de petróleo y sus derivados. También exporta hierro, acero, papel, café, arroz, azúcar y frutas. La ganadería y la pesca también son importantes para su economía.

Ecuador

La República del Ecuador limita al Norte con Colombia, al Este y al Sur con Perú, y al Oeste con el Océano Pacífico. La capital es Quito (1.200.000 habitantes en 1987). Otras ciudades importantes son Guayaquil y Cuenca.

En 1989, la población total de Ecuador era de 10.490.000 habitantes, de los cuales el 55% son mestizos, el 25% indios, el 10% blancos y otro 10% negros. La lengua oficial es el español. El 95% de los ecuatorianos son católicos.

Ecuador tiene una extensión de 283.561 km². Su renta per cápita era, en 1985, de 1.299 dólares. La moneda es el sucre. Su economía se basa en la agricultura (bananas, café, arroz y azúcar), el petróleo (grandes depósitos de cobre, hierro, plomo y carbón todavía están en el subsuelo sin ser debidamente explotados), la ganadería y la pesca.

Perú

La República del Perú limita al Norte con Ecuador y Colombia, al Este con Brasil y Bolivia, al Sur con Chile, y al Oeste con el Océano Pacífico. Su capital es Lima (4.300.000 habitantes en 1987). Otras ciudades importantes son Arequipa, Callao y Cuzco.

En 1989, la población total de Perú era de 21.792.000 habitantes, de los cuales el 45% son indios, el 37% mestizos, el 15% blancos y el resto negros y asiáticos. Las lenguas oficiales son dos: el español y el quechua. El 30% de los peruanos no habla español. El 90% de ellos son católicos.

La economía del Perú se basa principalmente en la minería y la agricultura. La ganadería y el turismo son otra buena fuente de ingresos. Desde los tiempos precolombinos es conocida la riqueza del subsuelo peruano (plomo, cobre, zinc, hierro, plata, cadmio, oro, carbón y ahora petróleo). La mitad de la población trabaja en la agricultura, siendo sus productos más exportados el algodón, el arroz, el café y el azúcar.

Bolivia

La República de Bolivia limita al Norte y al Este con Brasil, al Sur con Paraguay, Argentina y Chile, y al Oeste con Chile y Perú. Sucre es la capital oficial, aunque comparte sus funciones administrativas con La Paz (955.000 habitantes en 1986). Otras ciudades importantes son Santa Cruz y Cochabamba.

En 1989, la población total de Bolivia era de 6.876.000 habitantes, de los cuales el 30% son quechuas, el 25% aymaras, el 30% mestizos, y el 14% blancos. Sus tres lenguas oficiales son el español, el quechua y el aymara. El 95% de los bolivianos son católicos.

Bolivia tiene una extensión de 1.098.581 km². Su renta per cápita era, en 1985, de 536 dólares. La moneda es el peso.

La muy subdesarrollada economía de Bolivia se ha centrado durante muchos años en la explotación de sus minas de estaño (también, aunque mucho menos importantes, tiene yacimientos de antimonio, plata, zinc, hierro y petróleo) y la agricultura (patatas, café, arroz, maíz, bananas y cítricos). Existe en la actualidad una importante economía sumergida basada en la exportación ilegal de la coca.

Chile

La República de Chile limita al Norte con Perú y Bolivia, al Este con Bolivia y Argentina, al Sur con Argentina, y al Oeste con el Océano Pacífico. La capital es Santiago (4.804.000 habitantes en 1986). Otras ciudades importantes son Valparaíso y Concepción.

En 1989, la población de Chile se estimaba en 12.866.000 de habitantes, de los cuales el 66% son mestizos, el 25% blancos, y el 5% indios. La lengua es el español. La religión predominante es la católica (89%); el 11% restante es protestante.

Chile tiene un área de 756.928 km². Su renta per cápita era, en 1979, de 1.960 dólares. La moneda es el peso.

El subsuelo chileno es rico en nitratos, cobre, yodo, hierro, oro, cobalto, petróleo y otros minerales. Su agricultura produce cereales, patatas, verduras y frutas. Su vino es de excelente calidad.

Argentina

La República Argentina limita al Norte con Bolivia y Paraguay, al Este con Brasil, Uruguay y el Océano Atlántico, y al Sur y al Oeste con Chile. Su capital es Buenos Aires (9.710.000 habitantes, incluyendo toda la zona metropolitana). Otras ciudades importantes son Córdoba, Rosario, Mendoza y San Miguel de Tucumán.

En 1989, la población de Argentina se estimaba en 32.617.000 habitantes, de los cuales el 98% son de origen europeo (españoles, italianos y alemanes), y el resto indios y mestizos. La lengua oficial es el español. El 90% de los argentinos se consideran católicos.

Por su extensión—2.849.000 km²—Argentina es el segundo país de América Latina. Su renta per cápita era, en 1978, de 2.331 dólares. La moneda es el austral.

Aunque la riqueza intrínseca de Argentina es considerable, su economía es una de las más problemáticas del continente. Produce grandes cantidades de cereales, uva, azúcar, tabaco, arroz y cítricos. Su ganadería es el origen de una poderosa industria de alimentación basada en productos cárnicos. Otras industrias incluyen la fabricación de automóviles, maquinaria, tejidos, harinas y productos químicos.

Paraguay

La República del Paraguay limita al Norte con Bolivia y Brasil, al Este con Brasil, y al Sur y al Oeste con Argentina. Su capital es Asunción (447.000 habitantes en 1985).

En 1989, la población total de Paraguay se estimaba en 4.518.000 habitantes, de los cuales el 95% son mestizos y el resto está formado por pequeñas minorías de blancos, indios y negros. La lengua oficial es el español, aunque la mayoría habla también el guaraní. La religión oficial es la católica.

Paraguay tiene una extensión de 406.752 km². Su renta per cápita era, en 1984, de 1.260 dólares. La moneda es el guaraní.

La economía de Paraguay es muy limitada. Tiene muy pocos minerales y nada de petróleo. El 90% de sus exportaciones se limita a carne, madera, algodón, café y tabaco. La ganadería representa el 30% de su economía.

Uruguay

La República Oriental del Uruguay limita al Norte con Argentina y Brasil, al Este con Brasil y el Océano Atlántico, al Sur con el Río de la Plata, y al Oeste con Argentina. La ciudad más poblada es la capital, Montevideo (1.246.000 habitantes en 1986).

En 1989, la población total de Uruguay era de 2.983.000 habitantes, de los cuales el 89% son blancos, el 10% mestizos, y el resto mulatos y negros. La lengua oficial es el español. El 60% de los uruguayos son católicos.

Uruguay tiene un área de 177.508 km². Su renta per cápita era, en 1985, de 1.665 dólares. La moneda es el peso.

La principal riqueza de Uruguay es la ganadería, siendo la carne y la lana sus productos más exportados. Su industria incluye el cemento, tejidos, vino y productos derivados del petróleo, y su agricultura el cultivo de cereales y frutos cítricos.

Brasil

La República Federativa do Brasil limita al Norte con Colombia, Venezuela, las Guayanas, y el Océano Atlántico, al Este con el Océano Atlántico, al Sur con el Ocano Atlántico y Uruguay, y al Oeste con Perú, Bolivia, Paraguay y Argentina. La capital es Brasilia, y sus ciudades más importantes São Paulo (10.000.000 de habitantes en 1985), Rio de Janeiro, la antigua capital (5.600.000 habitantes), Belo Horizonte y Porto Alegre.

En 1989, la población de Brasil ascendía a 153.992.000 habitantes, de los cuales la mayoría son blancos de origen portugués, negros y mulatos; hay pequeñas minorías de italianos, alemanes, indios, judíos, árabes y japoneses. La lengua oficial es el portugués. El 89% de los brasileños son católicos.

Brasil, con un área de 8.511.965 km², es el país más extenso de Latinoamérica. Su renta per cápita era, en 1978, de 1.523 dólares. La moneda es el cruzeiro.

Después de la Segunda Guerra Mundial, la industria brasileña se empezó a desarrollar, incluyendo ahora la producción de acero, automóviles, tejidos, barcos, maquinaria y derivados del petróleo. El subsuelo, con yacimientos de cromo, hierro, manganeso, titanio, diamantes, oro, níquel, piedras preciosas, carbón, estaño, bauxita y petróleo, todavía no ha sido debidamente explotado. El 60% de la población trabaja en la agricultura (cereales y café, principalmente). También son importantes la ganadería y la pesca.

Estructura socio-económica

Para estudiar la situación política, social y económica de Latinoamérica hay que remontarse a la época colonial. Aunque es posible encontrar rastros de estructuras autóctonas en los sistemas actuales, la base de los mismos empieza a tomar forma con la conquista.

Hay que tener en cuenta que la empresa conquistadora responde, en la mayoría de los casos, a la iniciativa privada. Es cierto que hubo un claro y decisivo apoyo de la corona, pero el motor impulsor de dicha empresa hay que buscarlo en la iniciativa personal movida por un motivo predominantemente económico: la consecución de una prometedora—aunque arriesgada— ganancia producida por el capital invertido. La forma de acceso a la propiedad y el posterior uso de la misma van a ser determinados por la especial idiosincrasia de los protagonistas directos de la conquista y la posterior colonización: elementos de la baja y media nobleza, segundones desposeídos y privados de acceso a la riqueza y a posiciones sociales más elevadas, y, mayoritariamente, clases populares que nunca tuvieron tal acceso.

Para todos ellos, el Nuevo Mundo representaba la oportunidad de alcanzar el estatus que sólo la alta aristocracia tenía en la península. Por eso no es de extrañar que la gran nobleza no participara en la aventura. Ellos, en América, tenían poco que ganar y mucho que perder. Las tierras, el dinero, el poder político, la situación social ya los tenían en España; el peligro estaba en perder una mano de obra barata y necesaria que emigraría en busca de mejor fortuna.

Estos antecedentes de los que serían los nuevos propietarios hispanoamericanos van a determinar un especial tipo de propiedad y una economía con características propias que, de alguna manera y con ligeras variantes han subsistido hasta nuestros días.

El elemento humano descrito, al tener acceso a los bienes que las nuevas tierras ofrecen, actúa a impulsos muy distintos de los que motivan al terrateniente o agricultor tradicionales. La dedicación plena y total, el trabajo constante como medios de obtener frutos económicos y sociales son sustituídos por el espíritu guerrero y de conquista, la demostración de valor, el intento de la hazaña. En una afortunada batalla, o serie de ellas, se puede conseguir mucho más que en años de paciente trabajo. Y una vez conseguida la riqueza-generalmente unida al valor del suelo-los bienes materiales no tienen para ellos tanto un fin económico como un signo de prestigio social; ese prestigio del que carecían en la península y cuya conquista les empujó a la aventura transoceánica. Las extensiones de tierra conquistada eran tan inmensas, y las posibilidades agrícolas y mineras tan ricas, que no era necesaria una planificación detallada y racional de la producción para conseguir grandes beneficios. El gran propietario, el hacendado, ya establecido, se preocupa más de vivir en un modo que acredite su recientemente adquirida posición social que en crear unas estructuras capaces de conseguir un verdadero desarrollo económico. Esta actitud inmovilista estará—casi hasta nuestros días—en continua oposición a los intereses públicos.

Por otro lado, aunque el valor intrínseco de las tierras era inmenso, éste no se traducía en valor real a causa del poco interés inversionista y de la falta de racionalización de la producción. Todo esto contribuía a agravar el problema más evidente de la economía colonial: la escasez de dinero circulante. Dinero que se concibe más como signo externo de categoría social que como medio de producción de nuevos bienes. A modo de ejemplo, la hacienda La Sauceda, en Nueva Vizcaya, de 16.190 hectáreas, estaba valorada en 5.500 pesos; las familias más ricas de Venezuela tenían una renta de sólo 10.000 pesos.

Ya en el siglo XVIII, la burguesía empieza a tomar posiciones, y con ella emergen otros tipos de valores: la iniciativa privada, la planificación racionalizada y el esfuerzo personal como medios de superación y acceso social. Aunque todavía las estructuras del periodo precedente subsisten y predominan. Gran cantidad de capital muerto permanecía en manos de los grandes propietarios y de la Iglesia, la mayor parte vinculado a la propiedad de la tierra o empleado en gastos de apostalado que nada material producían.

En las grandes ciudades del litoral (Veracruz, Cartagena, Caracas, Lima, Buenos Aires) una nueva clase, los comerciantes, empieza a disputar el poder económico a los hacendados, cuyas manos siguen teniendo las riendas del poder político y social. A través de estos puertos se establece un activo comercio de exportación, y también de importación de productos europeos de los que hay una gran demanda en el Nuevo Continente. Ese es el origen de una distinta oligarquía basada en el monopolio del comercio.

Así, en la Hispanoamérica colonial, la actividad económica se puede decir que gira alrededor de la explotación de la tierra—ya sea por medio de la agricultura, la minería o la ganadería—el comercio y la muy incipiente industria. Y esto siempre, como ya hemos apuntado, a un bajo nivel de rendimiento al no invertirse grandes capitales por la especial manera de pensar de los latifundistas y otros propietarios con relación al dinero. El subdesarrollo industrial es el más notorio. Si la industralización en España estaba muy retrasada con respecto a la del resto de los países europeos, con mayor motivo lo estaba en las colonias. Otro factor que debemos tener en cuenta para explicar el escaso desarrollo industrial, antes y después de las guerras de independencia, es la instalación y expansión monopolizadora de compañías europeas, primero, y estadounidenses, más tarde, que ocasionaron el ahogo de las pequeñas industrias locales. Estas sólo podían competir en la fabricación de objetos exóticos, pero nunca con los productos manufacturados.

El comercio, sin embargo, sí que tuvo, y sigue teniendo, un papel relevante en la estructuración económica de Latinoamérica. Aquella sociedad burguesa establecida en los principales puertos, que controla tanto el comercio exterior como el interior, será la que determine la dirección futura de este aspecto de la economía, y, como consecuencia directa, de la política.

Acontecimientos históricos vividos en Europa desde principios del siglo XVIII van a cambiar radicalmente el tipo de comercio exterior a realizar en Hispanoamérica. La Guerra de Sucesión a la corona española termina con el tratado de Utrecht (1713-1714). Por él se autoriza a Inglaterra el uso del "navío de permiso" y la exclusiva en el tráfico de esclavos. Esta será la puerta que abra el camino a la participación comercial inglesa en el sur del continente americano. Más tarde, desde 1796 hasta 1802, España, obligada por el Pacto de Familia con Francia, entra en guerra con Inglaterra. Durante este periodo la navegación española quedó suprimida en el Atlántico, permitiéndose a países neutrales el comercio con las colonias españolas. Para algunos historiadores, aquí es donde empieza a gestarse la independencia hispanoamericana. Las guerras con Inglaterra e, inmediatamente después, con la Francia napoleónica dificultaron el contacto necesario entre España y sus colonias, y la situación permitió la incorporación de los Estados Unidos a la navegación y al comercio en la América Latina. Compañías, con base principal en Boston, inician provechosas relaciones comerciales cuyo volumen de negocios pasa de 390.000 dólares, en 1795, a 12.800.000 en 1801. Es el principio del gran cambio en la estructura económica que, progresivamente, durante los siglos XIX y XX, se convertirá en el mayor de los problemas de la América Latina: su gran dependencia del comercio exterior.

Las causas son muy claras. A pesar de las independencias y de los continuos intentos de reformas sociales, las estructuras básicas no han cambiado. El problema del desigual reparto de la tierra y la riqueza subsiste. Los grandes latifundistas, y, más aún, las poderosas oligarquías comerciales tienen el apoyo de los gobiernos, sobre los que ejércen fuerte presión. En algunos países, la oligarquía está estrechamente unida al ejercito. Todo esto agudiza el problema de la dependencia del comercio exterior y dificulta su solución. Los excesivos productos de la tierra tienen que exportarse. Pero la poca variedad de los mismos en la mayoría de los países hace que éstos carezcan de autonomía comercial. Su economía, e incluso el tipo de productos a cultivar, depende de las necesidades del mercado exterior y de los precios que dichos productos alcancen. La situación se agrava cuando consideramos que los clientes importadores no son más de tres o cuatro, a cuya cabeza están los Estadoa Unidos. Por eso, están limitadas considerablemente las posibilidades de una libre y justa fluctuación de precios.

La economía de países como Cuba, Haití, temala, El Salvador, Honduras, Nicaragua, Venezuela, Ecuador, Bolivia y Paraguay depende absolutamente del comercio exterior. Para el resto de las naciones hispanas la dependencia es menos absoluta.

En lineas generales, esta situación socio-económica da lugar a la poderosa existencia de una alta burguesía de comercio, sobre base capitalista extranjera, íntimamente unida a los tradicionales propietarios criollos. En los países con más posibilidades de desarrollo—los que dependen sólo relativamente del comercio exterior—hay un intento por medio de la media burguesía de disputarle a dichas oligarquías parte del control económico y político. Tarea nada fácil.

Si a todo esto añadimos que la población está creciendo a un ritmo incomparablemente más acelerado que el de la economía, se entenderá más claramente la magnitud del problema. Víctor Codina (Acoger o rechazar: el clamor de los explotados. Barcelona, CRISTIANISME I JUSTICIA, 1988) lo describe así:

"Lo que llama más la atención es el contraste entre el lujo y el hambre, entre el superdesarrollo y el subdesarrollo, entre minorías que viven en la abundancia y mayorías que lo hacen en la miseria.

A modo de ejemplo:

- Los países ricos e industrializados tienen el 25% de la población mundial; el 90% de la industria mundial, el 85% de las riquezas del mundo y dominan el 90% del mercado mundial.

- Los países pobres son el 75% de la población mundial; poseen el 17% del producto mundial bruto, el 8% de la industria mundial, el 15% de la energía mundial, el 6% de los gastos mundiales de salud, el 5% de la tecnología, etc.[...]

En Bolivia (como ilustración) el 32% de la población carece de dormitorio, el 66% no tiene electricidad, el 78% está sin alcantarillado, el 64% no tiene agua potable, el 40% no dispone de cocina y el 92% no puede contar con una ducha. Mientras el salario mínimo es de 25$, la cesta de la compra cuesta 294$ al mes. También en Bolivia, de 100 alumnos que comienzan la primaria, solamente tres acaban la universidad. Se calcula que el número de analfabetos es del 55%. La deuda externa alcanza los 5.000 millones de dólares."

En la segunda mitad del siglo XX ha habido algunos intentos de romper el círculo que parece condenar a estos países a un sistema de dependencia exterior, basado en una economía controlada por el capital extranjero asociado con el de las oligarquías locales. (Por todos es conocida la tremenda gravedad del problema creado por la deuda exterior y que afecta a todo el continente).

La Revolucin Cubana llevó a Fidel Castro al poder en 1959, y, en 1970, Salvador Allende fue democráticamente elegido presidente de Chile. En 1979 el pueblo nicaragüense, bajo el liderazgo de los sandinistas, derrota a las fuerzas del dictador Somoza. Son tres intentos, basados en la ideología socialista, de cambiar unas estructuras arcaicas y probadamente inefectivas. El resultado de los tres intentos fue diverso. El gobierno revolucionario castrista mantiene el poder en Cuba (país que ha pasado de depender económicamente de Estados Unidos a depender de la Unión Soviética); Allende fue derrocado y murió en un golpe militar en 1973; los sandinistas acaban de perder, por estrecho margen, las elecciones democráticas de 1990.

La religión

La evangelización de la América Latina fue una tarea en la que—apropiándonos de dos títulos de Rodolfo Usigli—se compaginaron las luces y las sombras. La historia, vista desde el punto de vista de los vencidos, (según Codina) "es una historia muy triste, una historia de violencia, de asesinatos, de violaciones, de sangre, de latrocinios, de explotación, de aniquilamiento de culturas, de esclavitud . . . Los vencidos gritaban: "Dejadnos morir; ya no tenemos nuestros dioses, nuestras tierras, nuestras tradiciones". Fue un terrible genocidio [. . .] Y lo peor es que todo se hizo en nombre de la fe, en nombre de Jesucristo, en nombre de la Iglesia que estaba con el Conquistador. Un texto de Hernán Cortés nos puede dar una idea de lo que esto suponía:

"Otro día torné a salir por otra parte [. . .] y les quemé más de diez pueblos, en que hubo pueblos de ellos de más de tres mil casas, y allí pelearon los del pueblo, que otra gente no debía estar allí. E como traíamos la bandera de la cruz y pugnábamos por nuestra fe y por servicio de vuestra sacra majestad, en su muy real ventura nos dio Dios tanta victoria, que les matábamos mucha gente, sin que los nuestros recibieran daño". (Cartas de relación de la conquista de Méjico)"

Al mismo tiempo, un gran número de misioneros y obispos, de los que Bartolomé de las Casas sería su figura más representativa, acogieron la causa de los indios como suya propia, se opusieron decididamente a aquellos compatriotas suyos culpables de tanta ignominia, se convirtieron en los portavoces y defensores de los oprimidos. El documento final de la Conferencia Episcopal de Puebla (1979) así lo reconoce:

> "Intrépidos luchadores de la paz, como Antonio de Montesinos, Bartolomé de las Casas, Juan de Zumárraga, Vasco de Quiroga, Juan del Valle, Julián Garcés, José de Anchieta, Manuel Nóbrega y tantos otros que defendieron a los indios ante conquistadores y encomenderos, incluso hasta la muerte, como el Obispo Antonio de Valdivieso".

Durante la mayor parte de la historia latinoamericana, tres constantes han prevalecido en cuanto a la religión se refiere: un mayoritario aceptamiento y subsiguiente arraigo del catolicismo; el apoyo casi incondicional de la Iglesia, como sistema establecido, a las clases dominantes; aislados—aunque importantes— intentos por parte de individuos o grupos minoritarios de poner en práctica una teología basada en la caridad para con los más necesitados.

El 26 de marzo de 1967 se publica la encíclica de Pablo VI Populorum Progressio (Sobre el desarrollo de los pueblos). En ella el Papa, llamando la atención sobre las evidentes injusticias que impiden el desarrollo integral del hombre y de los países tercermundistas, propone una revisión de la doctrina social de la Iglesia. Teniendo en cuenta estas nuevas directrices, algunos obispos, sacerdotes y católicos laicos iniciaron numerosos movimientos intentando llevar a la práctica las ideas evangélicas del Sumo Pontífice. Una nueva teología estaba empezando a tomar forma. Una nueva teología cristiana nacida de la realidad latinoamericana, desde abajo, desde la prespectiva de los pobres.

El cristiano empieza a comprometerse. Surgen nuevas formas de practicar la religión. Empiezan a crearse Comunidades de Base; pequeñas, débiles, inadvertidas al principio, donde los creyentes se reunen en grupos reducidos ofreciéndose solidario apoyo en cualquier aspecto: económico, educativo, religioso, sanitario, etc. Aparece una nueva clase de obispos, en contacto más directo con el pueblo, defendiendo los derechos de los pobres como sus antecesores defendían a los indios. Los Casas y Zumárragas de hoy se llaman Héctor Cámara, Casaldáliga, Silva Henríquez, Camilo Torres, Oscar Romero . . . y se les puede encontrar en Brasil, Colombia, El Salvador . . . en toda Latinoamérica. Esta nueva teología, conflictiva porque no es neutral, porque toma partido con los pobres, es la Teología de la Liberación.

"La novedad de esta teología no proviene de los temas que trata, que son los de siempre, sino del método, de la forma de reflexión. Su método es ver/juzgar/actuar a partir de la realidad, juzgarla a la luz de la Palabra de Dios, ver qué compromiso supone.

"Pongamos un ejemplo: Hemos visto la situación de pobreza de América Latina, el hambre, la mortalidad infantil, el analfabetismo . . . Hemos visto la discriminación cultural que padecen muchos sectores de la América Latina, lo que ha sido la colonización, la evangelización primera, etc.

"Esta situación no puede ser casual; tiene causas que las ciencias sociales estudian. A la luz de la Palabra de Dios hay que decir que esto Dios no lo quiere, que es pecado, que es contrario al plan de Dios, ya que Dios es el Dios de la vida, no de la muerte". (Codina).

Del trinomio ver/juzgar/actuar, es el tercer elemento el que se presenta como conflictivo, porque exige del cristiano una participación activa para cambiar las estructuras injustas.

Una vez más, la Iglesia establecida, tradicional, conservadora, influyente y reaccionaria tiene que compartir la labor apostólica con otras tendencias, originadas en su propio seno, mucho más liberales, e incluso radicales.

Ultima advertencia
de Monseñor Romero:

"Oligarquía
prepara la paz
sobre
cien mil
muertos"

-Coordinadora de Masas:

"Un acto de provocación al pueblo"

CARLOS FUENTES

... The source of change in Latin America is not in Moscow or Havana: it is in history. So let me turn to ourselves, as Latin Americans ...

Four Failures of Identification

The failure of your present hemispheric policies is due to a fourfold failure of identification. The *first* is the failure to identify change in Latin America in its cultural context. The *second* is the failure to identify nationalism as the historical bearer of change in Latin America. The *third* is the failure to identify the problems of international redistribution of power as they affect Latin America. The *fourth* is the failure to identify the grounds for negotiations as these issues create conflict between the United States and Latin America.

Our societies are marked by **cultural continuity** and **political discontinuity**. We are a Balkanized polity, yet we are deeply united by a common cultural experience. We are and we are not

108

of the West. We are Indian, black and Mediterranean. We received the legacy of the West in an incomplete fashion, . . . Latin America has had to do constant battle with the past. We did not acquire freedom of speech, freedom of belief, freedom of enterprise as our birthrights, as you did. We have had to fight desperately for them. . . . Latin America has tried to find solutions to its old problems by **exhausting** the successive ideologies of the West: liberalism, positivism and Marxism. Today, we are on the verge of transcending this dilemma by recasting it as an opportunity, at last, to be ourselves—societies neither new nor old, but simply, authentically, Latin American, as we sort out, in the excessive glare of instant communications or in the eternal dusk of our isolated villages, the benefits and the disadvantages of a tradition that now seems richer and more acceptable than it did one hundred years of solitude ago. . . .

The real struggle for Latin America is . . . a struggle with ourselves, within ourselves. We must solve it by ourselves. Nobody else can truly know it: we are living through our family quarrels. We must assimilate this conflicted past. Sometimes we must do it—as has occurred in Mexico, Cuba, El Salvador and Nicaragua through violent means. We need time and culture. We also need patience. Both ours and yours.

. . . If left to ourselves, we will try to solve (our) problems by creating national institutions to deal with them. All we ask from you is cooperation, trade, and normal diplomatic relations. Not your absence, but your civilized presence. We must grow with our own mistakes. Are we to be considered your true friends only if we are ruled by right-wing, anti-Communist despotisms? . . .

. . . Latin America is part and parcel of the universal trend away from bipolar to multipolar or pluralistic structures in international relations. Given this trend, the decline of one superpower mirrors the decline of the other superpower. This is bound to create numerous areas of conflict. **Both superpowers increasingly face a perfectly logical movement toward national self-assertion accompanied by growing multilateral relationships beyond the decaying spheres of influence.**

. . . We consider in Mexico that each and every one of the points of conflict in the region can be solved diplomatically, through negotiations, before it is too late. There is no fatality in politics that says: Given a revolutionary movement in any country in the region, it will inevitably end up providing bases for the Soviet Union.

What happens between the daybreak of revolution in a marginal country and its imagined destiny as a Soviet base? If nothing happens but harassment, blockades, propaganda, pressures, and invasions against the revolutionary country, then that prophecy will become self-fulfilling.

But if power with historical memory and diplomacy with historical imagination come into play, we, the United States and Latin America, might end up with something very different: a Latin America of independent states building institutions of stability, renewing the culture of national identity, diversifying our economic interdependence, and wearing down the dogmas of two musty nineteenth-century philosophies. And a United States giving the example of a tone in relations that is present, active, cooperative, respectful, aware of cultural differences, and truly proper for a great power unafraid of ideological labels, capable of coexisting with diversity in Latin America. . . .

Special
Report No. 80

Communist Interference in El Salvador

February 23, 1981

United States Department of State
Bureau of Public Affairs
Washington, D.C.

• The direct tutelary role played by Fidel Castro and the Cuban Government in late 1979 and early 1980 in bringing the diverse Salvadoran guerrilla factions into a unified front;

Summary

This special report presents definitive evidence of the clandestine military support given by the Soviet Union, Cuba, and their Communist allies to Marxist-Leninist guerrillas now fighting to overthrow the established Government of El Salvador. The evidence, drawn from captured guerrilla documents and war materiel and corroborated by intelligence reports, underscores the central role played by Cuba and other Communist countries beginning in 1979 in the political unification, military direction, and arming of insurgent forces in El Salvador.

In short, over the past year, the insurgency in El Salvador has been progressively transformed into a textbook case of indirect armed aggression by Communist powers through Cuba. ∎

111

RONALD REAGAN

"The U.S. Is Protecting Its National Security"
speech by Ronald Reagan

Ronald Reagan was elected president of the United States in 1980. Military intervention in Central America became a critical issue during his administration. In the following viewpoint, President Reagan explains why he believes that the conflict in Central America directly endangers our national security.

... The goal of the professional guerrilla movements in Central America is as simple as it is sinister to destabilize the entire region from the Panama Canal to Mexico. If you doubt me on this point, just consider what Cayetano Carpio, the now-deceased Salvadoran guerrilla leader, said earlier this month. Carpio said that after El Salvador falls, El Salvador and Nicaragua would ber "arm-in-arm and struggling for the total liberation of Central America."

Nicaragua's dictatorial junta, who themselves made war and won power operating from bases in Honduras and Costa Rica, like to pretend they are today being attacked by forces based in Honduras. The fact is, it is Nicaragua's Government that threatens Honduras, not the reverse. It is Nicaragua who has moved heavy tanks close to the border, and Nicaragua who speaks of war. It was

Nicaraguan radio that announced . . . the creation of a new, unified, revolutionary coordinating board to push forward the Marxist struggle in Honduras. Nicaragua, supported by weapons and military resources provided by the communist bloc, represses its own people, refuses to make peace, and sponsors a guerrilla war against El Salvador.

Are democracies required to remain passive while threats to their security and prosperity accumulate?

Must we just accept the destabilization of an entire region from the Panama Canal to Mexico on our southern border? Must we sit by while independent nations of this hemisphere are integrated into the most aggressive empire the modern world has seen?

Must we wait while Central Americans are driven from their homes, like the more than 4 million who have sought refuge out of Afghanistan or the 1.5 million who have fled Indochina or the more than 1 million Cubans who have fled Castro's Caribbean utopia? Must we, by default, leave the people of El Salvador no choice but to flee their homes, creating another tragic human exodus?

I do not believe there is a majority in the Congress or the country that counsels passivity, resignation, defeatism in the face of this challenge to freedom and security in our hemisphere.

I do not believe that a majority of the Congress or the country is prepared to stand by passively while the people of Central America are delivered to totalitarianism, and we ourselves are left vulnerable to new dangers. . . .

Let me say to those who invoke the memory of Vietnam: There is no thought of sending American combat troops to Central America; they are not needed-indeed, they have not been requested there. All our neighbors ask of us is assistance in training and arms to protect themselves while they build a better, freer life.

We must continue to encourage peace among the nations of Central America. We must support the regional efforts now underway to promote solutions to regional problems. We cannot be certain that the Marxist-Leninist bands who believe war is an instrument of politics will be readily discouraged. It's crucial that we not become discouraged before they do. Otherwise, the region's freedom will be lost and our security damaged in ways that can hardly be calculated.

If Central America were to fall, what would the consequences be for our position in Asia, Europe, and for alliances such as NATO? If the United States cannot respond to a threat near our own borders, why should Europeans or Asians believe that we are seriously concerned about threats to them? If the Soviets can assume that nothing short of an actual attack on the United States will provoke an American response, which ally, which friend will trust us then?

The Congress shares both the power and the responsibility for our foreign policy. Tonight, I ask you, the Congress, to join me in a bold, generous approach to the problems of peace and poverty, democracy and dictatorship in the region. Join me in a program that prevents communist victory in the short run but goes beyond to produce, for the deprived people of the area, the reality of present progress and the promise of more to come.

Let us lay the foundation for a bipartisan approach to sustain the independence and freedom of the countries of Central America. We in the Administration reach out to you in this spirit.

We will pursue four basic goals in Central America.

First. In response to decades of inequity and indifference, we will support democracy, reform, and human freedom. This means using our assistance, our powers of persuasion, and our legitimate "leverage" to bolster humane democratic systems where they already exist and to help countries on their way to that goal complete the process as quickly as human institutions can be changed. Elections—in El Salvador and also in Central America—must be open to all, fair and safe. The international community must help. We will work at human rights problems, not walk away from them.

Second. In response to the challenge of world recession and, in the case of El Salvador, to the unrelenting campaign of economic sabotage by the guerrillas, we will support economic development. By a margin of two-to-one, our aid is economic now, not military. Seventy-seven cents out of every dollar we will spend in the area this year goes for food, fertilizers, and other essentials for economic growth and development. And our economic program goes beyond traditional aid: The Caribbean initiative introduced in the House earlier today will provide powerful trade and investment incentives to help these countries achieve self-sustaining economic growth without exporting U.S. jobs. Our goal must be to focus our immense and growing technology to enhance health care, agriculture, and industry and to ensure that we, who inhabit this interdependent region, come to know and understand each other better, retaining our diverse identities, respecting our diverse traditions and institutions.

Third. In response to the military challenge from Cuba and Central America—to their deliberate use of force to spread tyranny—we will support the security of the region's threatened nations. We do not view security assistance as an end in itself but as a shield for democratization, economic development, and diplomacy. No amount of economic help will suffice if guerrilla units can destroy roads and bridges and power stations and crops again and again with impunity. But, with better training and material help, our neighbors can hold off the guerrillas and give democratic reform time to take root.

Fourth. We will support dialogue and negotiations—both among the countries of the region and within each country. The terms and conditions of participation in elections are negotiable. Costa Rica is a shining example of democracy. Honduras has made the move from military rule to democratic government. Guatemala is pledged to the same course. The United States will work toward a political solution in Central America which will serve the interests of the democratic process.

To support these diplomatic goals, I offer these assurances:

• The United States will support any agreement among Central American countries for the withdrawal-under fully verifiable and reciprocal conditions—of all foreign military and security advisers and troops.

• We want to help opposition groups join the political process in all countries and compete by ballots instead of bullets.

• We will support any verifiable, reciprocal agreement among Central American countries on the renunciation of support for insurgencies on neighbors' territory.

• And, finally, we desire to help Central America end its costly arms race and will support a verifiable reciprocal agreements on the nonimportation of offensive weapons.

What the Administration is asking for on behalf of freedom in Central America is so small, so minimal, considering what is at stake. The total amount requested for aid to all of Central America in 1984 is about $600 million; that's less than one-tenth of what

Dear Mr. President:

A recent news item in the press has concerned me very much. According to the article your administration is studying the possibility of backing the present government junta and giving it economic and military aid.

Because you are a Christian and have said that you want to defend human rights, I take the liberty of expressing my pastoral point of view on this matter and of making a specific request.

I am deeply disturbed over the news that the United States government is studying a way to accelerate El Salvador's arms race by sending military teams and advisors to "instruct three of El Salvador's batallions in logistics, communications and intelligence techniques." If this information is true, the contribution of your administration, instead of favoring greater justice and peace in El Salvador will almost surely intensify the injustice and repression of the common people who are organized to struggle for respect for their most basic human rights.

Unfortunately the present government junta, and especially the Armed Forces and security forces have not demonstrated any ability to solve structurally or in political practice our serious national problems. In general, they have only resorted to repressive violence and this has resulted in a much greater toll of dead and wounded than in previous regimes whose system-

...therefore, since I as a Salvadoran and archbishop of the San Salvador archdiocese have the obligation to work for the reign of faith and justice in my country, I urge you, if you really want to defend human rights

• To prohibit the giving of military assistance to the Salvadoran government;

• To guarantee that your government will not intervene directly or indirectly with military, economic, diplomatic or other pressure to determine the fate of the Salvadoran people.

We are going through a serious economic and political crisis in our country, but without a doubt the people are more conscientized and organized and thereby are becoming agents responsible for the future of El Salvador and are the only ones capable of ending the crisis.

It would be deplorable and unjust if by the intervention of foreign powers the Salvadoran people should be frustrated, repressed and hindered from deciding autonomously the economic and political course our country should follow.

I hope your religious sentiments and your sensitivity for the defense of human rights will move you to accept my request and thereby avoid greater bloodshed in this long-suffering country.

Sincerely,

Oscar A. Romero, archbishop

February 17, 1980.

Americans will spend this year on coin-operated video games.

In summation, I say to you that tonight there can be no question: The national security of all the Americas is at stake in Central America. If we cannot defend ourselves there, we cannot expect to prevail elsewhere. Our credibility would collapse, our alliances would crumble, and the safety of our homeland would be put at jeopardy.

We have a vital interest, a moral duty, and a solemn responsibility. This is not a partisan issue. It is a question of our meeting our moral responsibility to ourselves, our friends, and our prosperity. It is a duty that falls on all of us—the President, the Congress, and the people. We must perform it together. Who among us would wish to bear responsibility for failing to meet our shared obligation?

CUATRO CANCIONES

*Estas cuatro canciones fueron escritas por Victor
Jara, gran escritor, folklorista, y cantante chileno.
Víctor Jara nació pobre en una familia campesina.
Después de una vida dedicada a los pobres y a la
cultura indígena de Chile, le mataron los soldados en
el estadio nacional de fútbol durante el golpe de
estado de 1973.*

EL ARADO

Aprieto firme mi mano
y hundo el arado en la tierra
hace años que llevo en ella
cómo no estar agotado

Vuelan mariposas
cantan grillos
la piel se me pone negra
y el sol brilla, brilla, brilla.

El sudor me hace surcos
yo hago surcos a la tierra
sin parar . . .

Afirmo bien la esperanza
cuando pienso en la otra estrella
nunca es tarde me dice ella
la paloma volará

Vuelan mariposas . . .
Y en la tarde cuando vuelvo
en el cielo apareciendo
una estrella

119

nunca es tarde me dice ella
la paloma volará, volará, volará
como yugo apretado
tengo el puño esperanzado
porque todo cambiará

EL LAZO

Cuando el sol se inclinaba
lo encontré
en un rancho sombrío
de Lonquén.
En un rancho de pobre
lo encontré
cuando el sol se inclinaba
en Lonquén.

Sus manos siendo tan viejas
eran fuertes para trenzar,
eran rudas y eran tiernas
como el cuero del animal.
El lazo como serpiente
se enroscaba en el nogal
y en cada lazo la huella
de su vida y de su pan.
Cuanto tiempo hay en sus manos
y en su apagado mirar
y nadie ha dicho está bueno
ya no debes trabajar.

Las sombras vienen laceando
la última luz del día.
El viejo trenza unos versos
pa'maniatar la alegría.

Sus lazos han recorrido
sur y norte, cerro y mar,
pero el viejo la distancia

nunca la supo explicar.
Su vida deja en los lazos
aferrados al nogal.
Después llegará la muerte
y también lo laceará.
Qué importa si el lazo es firme
y dura la eternidad,
laceando por algún campo
el viejo descansará.

Cuando el sol se inclinaba
lo encontré
en un rancho sombrío
de Lonquén.
En un rancho de pobre
lo encontré,
cuando el sol se inclinaba
en Lonquén.

CANCION DE CUNA PARA UN NIÑO VAGO

La luna en el agua
va por la ciudad.
Bajo el puente un niño
sueña con volar.
La ciudad lo encierra
jaula de metal.
El niño envejece
sin saber jugar.

Cuántos como tu vagarán
el dinero es todo para amar
amargos los días si no hay.

Duérmete mi niño
nadie va a gritar.
La vida es tan dura
debes descansar.

121

Otros cuatro niños
te van a abrigar.
La luna en el agua
va por la ciudad.

Cuántos como tu vagarán
el dinero es todo para amar
amargos los días si no hay.

Duérmete mi niño
nadie va a gritar.
La luna en el agua
va por la ciudad.

QUIEN MATO A CARMENCITA

Con su mejor vestido bien planchado, iba
temblando de ansiedad sus lágrimas corrían . . .
A lo lejos, gemidos de perros y bocinas.
El parque estaba oscuro y la ciudad dormía.

Apenas quince años y su vida marchita
El hogar la aplastaba y el colegio aburría,
En pasillos de radios su corazón, latía
deslumbrando sus ojos los ídolos del día.

Los fríos traficantes de sueños en revistas
que en la juventud engordan y profitan
torcieron sus anhelos y le dieron mentira
la dicha embotellada, amor y fantasía.

Apenas quince años y su vida marchita . . .

Huyó
Carmencita murió
en sus sienes la rosa sangró
partió a encontrar su última ilusión.

La muchacha ignoraba que la envenenarían
que toda aquella fábula no le pertenecía
. . . conocer ese mundo de marihuana y piscina
con Braniff International viajar a la alegría.

Su mundo era aquél, aquél del barrio Pila,
de calles aplastadas llenas de gritería
su casa estrecha y baja. Ayudar la cocina
mientras agonizaba . . . otros enriquecían.

Los diarios comentaron . . . "causa desconocida" . . .

Huyó
Carmencita murió
en sus sienes la rosa sangró
Partió a encontrar su última ilusión.

MATERIAL DIDACTICO

Recomendación

La proyección de las siguientes películas, todas ellas directamente relacionadas con los temas presentados en este libro y de fácil adquisición en cualquier tienda de vídeos, es de probada efectividad en la clase, por lo que aconsejamos su uso: *The Mission, Official Story, Romero, El Salvador, El Norte, Missing.*

EJERCICIOS—Un campesino de El Salvador

Páginas 1-5

A. Responda en español:
1. ¿Dónde tiene lugar la acción? 2. ¿Quién entra en escena?
3. ¿Cómo viste el personaje? 4. ¿Qué sabe Jesús? 5. ¿Qué va a explicar? 6. ¿Qué cuenta Narrador Uno de la familia de Jesús?
7. ¿Qué pregunta está hecha "con mala idea"? ¿Por qué?
8. ¿Qué hay en la plaza? 9. Al terminar el trabajo, ¿qué cosas normales para los estadounidenses no podían hacer Jesús y su familia? 10. ¿Va a cantar Manuel una canción nueva? ¿Qué va a cantar?

B. Temas (para ser presentados oralmente o desarrollados por escrito):
a) Situación familiar, económica y social de Jesús.

b) Rasgos de la personalidad de Jesús que empiezan a manifestarse.

Páginas 5-11

A. Responda en español:
1. ¿Cómo se titula la canción de Víctor Jara? 2. ¿Por qué no se podía usar un tractor en la tierra de Jesús? 3. ¿Qué chiste hace Jesús relacionado con los cuervos y su huerta? 4. ¿Qué productos derivados del maíz se consumen en El Salvador? 5. ¿En qué estaba mintiendo un poco Narrador Uno? 6. ¿Por qué podemos decir que la situación de Jesús era un poco mejor que la de algunos de sus vecinos? 7. ¿Qué se le ocurrió hacer a

Jesús para ganar algo de dinero? 8. ¿Dónde vendía sus flores? 9. ¿Por qué se reían, a veces, sus clientes? 10. Según Capataz, ¿por qué ya no cultivan frijoles?

B. Temas:

a) Explique el simbolismo de esta cita: "Eh, un día de estos el viejo se va a dar cuenta. Pero los años pasaban, y Jesús seguía sin enterarse".

b) Capataz explica el porqué del cambio de productos a cultivar. Analice los pros y los contras de esa decisión económica.

Páginas 11-17

A. Responda en español:
1. ¿Cuántas familias hay en la oligarquía de El Salvador? 2. ¿De qué tienen miedo las familias de la oligarquía? 3. ¿Qué cosas se cultivan en las tierras planas? 4. ¿Dónde tienen las familias ricas sus cuentas corrientes? 5. ¿Cuál ha sido el resultado de la llegada de las compañías extranjeras en El Salvador? 6. ¿Los frijoles son más baratos o más caros que antes? 7. ¿Por qué se muere Juancito? 8. ¿Por qué se va Jesús a trabajar en otro sitio? 9. ¿Por qué se muere Concha? 10. ¿Qué le ocurre a Jesús por primera vez?

B. Temas

a) Describa la diferencia entre los niveles de vida de la oligarquía y el de los campesinos.

b) Explique la actitud de Capataz.

Páginas 17-23

A. Responda en español:
1. ¿Adónde regresa Jesús cada noche? 2. ¿Dé dónde regresa Manuel? 3. ¿De quién es la milpa? 4. ¿Qué ha estudiado Manuel? 5. ¿Cuándo empezó el cúltivo del café en El Salvador?

125

6. ¿Cuándo ocurrió el masacre de los campesinos? 7. ¿Quién
ha escrito la canción que canta Manuel? 8. ¿Quién prepara la
comida? 9. ¿Qué quiere Manuel que haga Marta? 10. ¿Con qué
cosas sueña Manuel?

B. Temas

a) Explique por qué Jesús no puede adquirir tierra fértil.

b) Explique el efecto en Jesús de la visita de Manuel.

Páginas 23-28

A. Responda en español:
1. ¿Cuál es el deseo de Marta? 2. ¿Está contento Jesús de que
se marche Marta? 3. ¿Qué cosas hacían las monjas? 4. ¿Qué
hicieron los soldados después de matar a las mujeres? 5. ¿Por
qué fue Jesús a la capital? 6. ¿Qué dice el coronel de las
monjas? 7. ¿Cuál es la actitud del coronel hacia Jesús? 8. ¿Qué
productos son anunciados en la televisión? 9. ¿Cuál es la
actitud del coronel hacia el Tío Sam? 10. ¿Qué ambiciones
parece tener el coronel?

B. Temas

a) Explique las acciones de los soldados al detener a las
monjas.

b) Describa el estilo de vida del coronel.

Páginas 28-36

A. Responda en español:
1. ¿Qué pide Jesús a Dios? 2. ¿Quien es Raúl? 3. ¿Por qué se
fue Raúl? 4. ¿Quiénes detienen a Raúl? 5. ¿Adónde llevan a
Raúl? 6. ¿Qué instrucciones da el carcelero a Raúl? 7. ¿Cómo se
llama la hermana de Marta y Raúl? 8. ¿Adónde van María y Raúl?
9. ¿Cómo está vestido el Portavoz? 10. ¿Cómo es la propaganda
del Portavoz?

B. Temas

    a) Describa el ambiente del campamento de rebeldes.

    b) Explique por qué detienen a Raúl.

Páginas 36-40

A. Responda en español:
1. ¿Por qué habla Jesús menos que nunca? 2. ¿Qué hacían los soldados en los pueblos? 3. ¿Dónde dejaban los soldados los cuerpos muertos? 4. ¿Quién anuncia la Reforma Agraria? 5. ¿Quién es Ricardo? 6. ¿Quiénes fueron elegidos líderes del pueblo? 7. ¿Cuál es la promesa de la Reforma Agraria? 8. ¿De dónde viene el oficial? 9. ¿Por qué no comprende el oficial los problemas de la gente? 10. ¿Por qué se va Ricardo con el oficial?

B. Temas

    a) Explique la idea de una reforma agraria.

    b) Explique la referencia del oficial a la "democracia."

Páginas 40-45

A. Responda en español:
1. ¿Qué le pasó a Ricardo? 2. ¿Por qué regresa Manuel al pueblo? 3. ¿Adónde irá Manuel ahora? 4. ¿De quién es la foto que da Manuel a Jesús? 5. ¿Qué ocurre siempre el domingo por la mañana a las diez? 6. ¿Qué cosas deja Manuel con Jesús? 7. ¿Adónde fué Jesús después de dos semanas? 8. ¿Qué encuentra Jesús al regresar al pueblo? 9. ¿Dónde están las vacas? 10. ¿Quién acompaña ahora a Jesús?

B. Temas

    a) Explique brevemente la desorganización social que describen estas páginas.

b) Explique lo que son las Comunidades de Base.

Páginas 45-54

A. Responda en español:
1. ¿Quién es Romero? 2. ¿Por qué viaja Romero por el país?
3. ¿Qué dice Romero de la dictadura? 4. ¿Qué dice Romero de los derechos del pueblo? 5. ¿Con quién se identifica Romero? 6. ¿A quién escribió Romero una carta? 7. ¿Qué dijo en la carta? 8. ¿Qué dice Romero a los soldados por el radio? 9. ¿Qué le ocurre a Romero por haber dicho estas cosas? 10. ¿Qué hace el soldado en el funeral?

B. Temas

a) Explique por qué dice Romero que Jesús se llama "como Dios".

b) Explique la relación que existe entre la muerte de Romero y la de Jesús.

Yzur

A. Conteste en español:
1. ¿Dónde vivió Yzur durante los primeros años de su vida? 2. ¿Qué decían los naturales de Java de los monos? 3. Según la teoría del narrador, ¿qué ocurrió a los monos cuando dejaron de hablar? 4. ¿Cuál sería la única manera de demostrar su teoría? 5. ¿Cómo reaccionaron en Europa ante Yzur? 6. ¿Qué se sabe de los chimpancés? 7. Cuando Yzur andaba con las manos a la espalda, ¿de qué tenía aspecto? 8. ¿Por qué la laringe del mono no debía ser un problema? 9. Según el narrador, ¿por qué el mono es "un sujeto pedagógico de lo más favorable"? 10. ¿Cuál es la primera conclusión a la que llega el narrador? 11. ¿En qué se parecen los monos y los sordomudos? 12. ¿Qué efecto produjo la gimnasia de lengua? 13. ¿En qué misma situación se encontraban Yzur y los niños, con respecto al lenguaje? 14. ¿Qué palabras usaba el narrador para enseñarle las vocales a Yzur? 15. ¿Qué había aprendido el mono en el circo? 16. ¿Qué le dijo una noche el cocinero? 17. ¿Cómo reaccionó

128

Yzur cuando el narrador lo azotó? 18. ¿Qué pasó a los tres días? 19. En la soledad del narrador, ¿qué importancia iba adquiriendo Yzur? 20. ¿Qué consideraba el narrador como "una verdad total"? 21. Según la teoría del narrador, ¿qué forzó a los monos a su suicidio intelectual? 22. ¿Qué habría pasado a "los antropoides retrasados en su evolución"? 23. ¿Con qué compara el narrador la cara triste de Yzur? 24. ¿Por qué se despertó el narrador? 25. ¿Qué ocurre al final?

B. Temas (para ser presentados oralmente o desarrollados por escrito):

a) Analice algunos aspectos de la personalidad y la profesión del narrador e intente relacionarlos con el tema del cuento.

b) En el cuento aparecen varios detalles que indican que Yzur se va humanizando. Localícelos y hable sobre ellos.

c) El narrador también va cambiando con la experiencia. ¿En qué sentido?

d) Relacione el incidente del cocinero con el tema del cuento.

e) Comente este párrafo: "Cuando le decía una frase habitual, como "yo soy tu amo" con que empezaba todas mis lecciones, o el "tú eres mi mono" con que completaba mi anterior afirmación, para llevar a su espíritu la certidumbre de una verdad total, él asentía cerrando los párpados; pero no pronunciaba un sonido, ni siquiera llegaba a mover los labios."

Los mensú

A. Conteste en español:
1. ¿Con quiénes volvían Cayetano y Podeley? 2. ¿Qué eran todos ellos? 3. ¿Dónde habían estado? 4. ¿Cuánto tiempo habían estado trabajando los dos amigos? 5. ¿Por qué era gratis el pasaje? 6. ¿Cuál era "la capital del bosque"? 7. ¿Por qué

habían tardado tanto en volver? 8. ¿Cuántos peones regresaron con crédito? 9. ¿Cómo van a conseguir dinero Cayetano y Podeley para divertirse esa semana? 10. ¿Qué hicieron cuando bajaron del vapor? 11. ¿Qué hicieron las muchachas? 12. ¿Qué compraron Cayetano y Pedeley? 13. ¿A qué inducían las muchachas a los dos amigos? 14. ¿Qué necesidad irresistible tenían los peones? 15. Ya de vuelta en el Sílex, ¿qué descubrieron? 16. ¿Qué no recordaban? 17. ¿Qué idea tuvo Cayetano? 18. ¿Qué era lo único de valor que tenía? 19. ¿Qué esperanza tenía al apostar los cinco cigarros en el juego de cartas? 20. ¿Cómo le fue en el juego? 21. ¿En qué trabajaba Podeley? 22. ¿Qué hacía los fines de semana? 23. ¿Qué sentían todos los peones hacia el patrón? 24. ¿Para qué necesitaba Cayetano su 44? 25. ¿Qué enfermedad contrajo Podeley? 26. ¿Qué le preguntó el patrón al saber que estaba enfermo? 27. ¿En qué era diferente la fiebre esta vez? 28. ¿Qué le pidió Podeley al patrón? 29. ¿Con qué pretexto pudieron alejarse del campamento Cayetano y Podeley? 30. ¿Por qué no los persiguieron dentro del bosque? 31. ¿Cuál era "la primera y última esperanza" de los escapados? 32. ¿Qué construyó Cayetano? 33. ¿Cómo describe el autor el río? 34. ¿Dónde tocaron tierra? 35. ¿Cómo forzó Podeley a Cayetano a marcharse? 36. ¿Qué pasó al final a Podeley? 37. ¿Cuánto tiempo estuvo Cayetano aislado? 38. ¿Cómo se salvó al final? 39. ¿Qué pidió al capitán del Sílex? 40. ¿Qué hizo Podeley al llegar a Posadas?

B. Temas (para ser discutidos oralmente o desarrollados por escrito):

a) El autor se refiere a Posadas como "Jerusalén y Gólgota" de las vidas de los dos peones. Explique el porqué de esa comparación.

b) En el cuento se expone un sistema de relaciones laborales que todavía existe en algunas partes del mundo. Explique cómo funciona ese sistema.

c) Describa cómo transcurría una semana normal durante la temporada de trabajo de los mensualeros.

d) Parece absurdo que, al final del cuento, Podeley firme una nueva contrata. Explique qué otras posibilidades tendrá.

VOCABULARIO

Note: This vocabulary is designed to be useful only in understanding the text materials in this book. It will not be helpful for general reading in Spanish, or in the preparation of written work.

It is complete, with the following exceptions:

> 1. the definite and indefinite articles
> 2. object pronouns
> 3. cardinal numbers under 100
> 4. regular participles, present and past
> 5. regular plurals
> 6. recognizable place names

The gender of nouns is indicated only in cases where some doubt may arise.

A

a to; at; after

abajo down; below; downwards

abandonar to abandon, leave; **abandonarse a** to lose one's self in, give one's self over to

abarrotado, a filled, packed, jammed

abominación *f.* abomination

abierto, a opened up

abismo abyss

abrasador, a scorching

abrazar(se) to embrace, hug

abrir to open; to drill, dig (a well); **abrirse camino** to make one's way

absolutamente absolutely, at all

absoluto, — a complete; **en absoluto** not at all, no way

abstención *f.* abstention

abstenerse de refrain from

abstracto, a abstract

abuelo "my friend", "old fellow"

abundancia abundance, plenty

abundante abundant, full

acabar de to have just

acabar por to end up

acalorado, — a excited, heated

acampar to make camp

acariciar to caress, stroke

acaso: **por si acaso** just in case

acceso access

acción *f.* action

acelerado, — a rapid

acelerar — to hasten

acento accent, stress

aceptación *f.* ready market

aceptamiento acceptance

aceptar to accept

acercarse (a) to approach, draw near

acercate (regional form of the imperative **acércate**)

acertar con to manage

acogedor, — a welcoming, friendly, attractive

acoger to welcome; to espouse

acometer to carry out, set about

acompañamiento accompaniment

acompañar to accompany

acompasado, — a rhythmical

acontecimiento event, happening

acordarse de to remember

acorde *m.* chords (music)

acorde harmonious

acostarse to lie down, stretch out; to go to bed

acostumbrado, — a accustomed

acreditar to validate

acribillar to shoot to death

acróbata *m. y f.* acrobat

actitud *f.* attitude

actividad *f.* activity

activista *m.y f.* activist

activo, a active, vigorous

acto act

actriz *f.* actress

actual contemporary, present-day

actualidad *f.* recent current events

actuar to act, act out

actuar a to be motivated by

acuerdo agreement, deal; **de acuerdo** all right

acurrucado, — a huddled

acusación *f.* accusation

acusadoramente accusingly

adelante ahead, forward

ademán *m.* gesture

además besides

adentro inside; **para sus adentros** to himself

adiestramiento training

adiestrar to train

adiós good-bye

adobe *m.* adobe

adonde where, the place where

adoptar (adoptar posturas) to strike (poses).

adorno adornment, accessory

adosado, — a clinging

adquirir to acquire; to catch (a disease)

adquisición *f.* acquisition

aduana customs inspection

aeropuerto airport

afectar to feign, pretend; to affect

afirmar to say, affirm
afortunado, — a lucky; lucky person
afuera outside
afueras *f. pl.* outskirts
afusión *f.* shower bath
agarrar to grab
agitar to shake
agolparse to throng, cluster, rush
agonía death- throes, agony
agotado, — a exhausted
agotar to exhaust
agradecido, — a grateful
agrario, — a agrarian
agravar to aggravate
agriarse to become embittered
agrícola agricultural
agricultor worker on the land
agruparse to get together
agua water
aguantar to endure, stand
agudizar to make worse
agudo, — a sharp
agujerillo little hole
ahí there
ahogado, — a at the end of your
    rope; drowned out
ahogar to drown out
ahogo strangulation
ahora now; ahora bien now then
aire *m.* air
aisladamente in isolation
aislado, — a isolated
aislar to isolate
¡ajá! ha!
ajustar to adjust, put in place
alambre *m.* (barbed) wire; alambre
    de púa barbed wire
alargar to stretch out, lengthen
alarmante alarming
alcantarillado sewer service
alcanzar to reach, touch
alcoholaturo alcohol mixture
alcohólico, — a alcoholic
aldea village
alegrarse to be glad
alegre cheerful, happy
alegría joy

alejado, — a far away
alejarse to drive away, move away
Alemania Occidental West Germany
alfiler *m.* pin
algo something
algodón *m.* cotton
alguien somebody
alguno, — a some, someone; algún
    que otro some or other
alimentar to provide food for, feed
alisar to smooth down
alivio relief
alma soul; person
almacén *m.* store, company store
almuerzo lunch
alrededor: a su alrededor around
    him; alrededor de around
altanería pride
altar *m.* altar
altavoz *m.* loudspeaker
alto, a tall, high; loud; en lo alto up
    above, up there; en todo lo alto
    directly overhead; en alto up high
¡alto! halt!
altura location, level
alumno, — a pupil
alzar(se) to rise, stand, lift
allá there, over there; más allá de
    beyond; de allá over there
allí there, over there
amanecer [verb] to dawn
amanecer *m.* dawn, sunrise
amargura bitterness
amartillar to cock (a firearm)
ambición *f.* ambition
ambiente: medio ambiente *m.*
    environment
ambos, — as both
amén amen
amenaza threat
amenazar to threaten
americano, — na from the U.S.A.
ametralladora repeating rifle,
    machine gun
amigo, — a friend
amo owner, master
amplificar to amplify

analfabeto, — a illiterate
análisis *m.* analysis
analogía analogy
anaranjado, — a orange- colored
anatomía anatomy
ancestral ancestral
ancho, — a wide
anda come on, now
andá (regional form of the imperative anda)
andar to go, walk, to progress
¡andate! get out of here!
andino, — a Andean
anduvo (preterite of andar, to go, walk)
angina angina
anilla ring of a pop-top can
animal animal
animalidad *f.* brutishness
animar to encourage
ánimo spirit, spirits, energy, "gumption"
animosidad *f.* animosity
aniquilamiento annihilation
anomalía anomaly
anómalo, — a strange
anormal abnormal
ante in front of; in the face of
anteanoche the night before last
antebrazo forearm
antecedente *m. y f.* ancestor
antecesor *m.* predecessor
antena antenna
anteojos *m. pl.* eyeglasses
antepasado, — a ancestor, forbear
anterior preceding, previous
anteriormente earlier, before
antes de before
antes que before
anticipar to look forward to
anticipo advance payment
antojo: a su antojo as you wish
antropoide *m.* anthropoid ape
antropológico, — a anthropological
anunciar to announce; to advertise
anuncio advertisement
añadir to add

año year
apagado, — a hushed, whispered
apagar to turn off (as a radio); apagarse to fade away
aparato: aparato de fonación speech organs
aparecer to appear, turn up; to seem to be
apariencia: en apariencia apparently
apartamento apartment
apartar to take away; apartarse to move aside
apartés (regional form of the subjunctive apartes)
apagadamente dimly
apagar to extinguish; to turn off
aparato device, machine
apasionado, — a passionate
apelar to appeal
apenas scarcely, hardly
apisonadora bulldozer
aplanarse to become level
aplastar to crush
aplicar to apply
apostolado Evangelization
apostólico, — a apostolic
apoyado, — a leaning
apoyar(se) to support, stand behind, lean
apoyo support
apreciable noticeable
apreciar to realize, appreciate
aprendé (regional form of the imperative aprende)
aprender to learn
apresurarse (a) to rush
apretar to pull, press
apretujar to squeeze, crush, cram; apretujarse en to cram into, squeeze into
apropiado, — a appropriate
apropiarse (de) to take away' to make use of
aprovecharse de to take advantage of
aproximadamente approximately
apto, — a apt
apuntar to aim, point; to note

apuntes *m. pl.* written notes
aquel, aquella, aquellos, aquellas that, those
aquí here; **aquí no más** I'll be right here; **de por aquí** around here; **he aquí** you see here
arado plow
arar to plow
árbitro referee
árbol *m. tree;* **arbóreo,** — **a** arboreal, tree-filled
arcaico, a outworn, archaic
argumento argument
aristocracia aristocracy
armado, — **a** armed
armamento weaponry
armar to organize; have
armas *f. pl.* arms
armónico, — **a** harmonious
armonizar to harmonize
aro rim; hoop
arraigo taking root, implantation
arriesgado, — **a** risky
arte *m.* art
articulación *f.* articulate speech
articulado, — **a** articulate, spoken
articular to speak
arzobispo archbishop
arrancar to draw forth
arrancarse to start playing, "strike up the band", "hit it"
arrasar to raze, bulldoze
arrastrar to drag
arreglar to arrange, fix up
arreglarse to straighten up
arreglo arrangement
arriba up high, on top, up; **escaleras arriba** up the stairs; **río arriba** upstream
arriesgar to risk
asar to roast
asaz quite, rather
ascender to rise
ascensión *f.* ascent
asegurar to assure
asentir (ie,i) to assent, agree
asesinar to assassinate, murder

asesinato murder
asesino assassin; **asesino profesional** hit man
así thus; **así haya** even if there is; **así que** in this way; **así, así** so-so
asir to seize, grab
asociar to associate
asombro amazement
asombroso marvelous, amazing
aspecto appearance; aspect
asqueado, — **a** disgusted, sickened
asumir to assume
asunto *m.* business, affair
asustado, — **a** frightened
asustarse to become frightened
atacar to attack
atado package, bundle
ataque *m.* attack
atar to tie, bind
ataúd *m.* coffin, casket
atávico, — **a** atavistic
atención *f.* attention; **poner atención** to pay attention
atender (ie) to tend to, take care of
aterrorizado, — **a** terrorized
atmósfera atmosphere
atraer to attract
atrás behind, back; **la parte de atrás** the rear part
atravesar to walk across
atreverse a to dare, be bold enough to
atribuir to attribute
atril speaker's stand, lectern
atrocidad *f.* atrocity
atrofia atrophy
aturdido, — **a** stunned
audaz daring
audible audible
audiencia audience, those listening
aumentado, — **a** swollen
aumentar to grow greater, increase
aun even
aún even, still
aunque although
autóctono, — **a** pre-colonial
automáticamente mechanically, automatically

automatismo involuntary action
autonomía f. self-sustenance, independence
autorizar to authorize
avanzado, — a far spent, well along
avanzar to proceed, move, advance
avenirse con to harmonize with
aventura adventure
averiguar to ascertain, find out
¡ay! oh!
ayuda help, assistance, aid; **en su ayuda** to help him
ayudar to help
azadón m. hoe
azogado, — a restless
azoramiento confusión
azote m. whipping
azteca m.y f. Aztec
azúcar m. sugar; **azucar de caña** cane sugar
azul blue

B

babeante drooling
bailable for dancing
bailar to dance
baile m. dance
bajar to descend, lower, to disembark; **bajarse** to get out; to get down
bajo, — a short
bajo under, beneath; short of stature; low; **por lo bajo** softly
bala bullet
balanza balance; **balanza de pagos** trade balance, balance of payments
balazo bullet fire
balbuceo stammering
"Bamba, La" a popular song
banana banana
banano banana tree
bancal m. plot of ground
banco bench
banda sonora sound track tape
bandana bandanna, kerchief

bandera flag
banqueta stool
bañar to soak, bath
barato, — a cheap, ordinary, inexpensive
barbarie f. barbarism
bárbaro, — a barbaric
barra: barra de seguridad locking pin
barrer to sweep
barriga belly, stomach
barrio neighborhood
barro earth, mud
basado, — a (en) based (on)
basar to base
basarse en to be based upon
base f. base; **Comunidad de Base** Base Community
básico, — a basic, fundamental
basket m. basketball (game)
bastantes quite a few
bastar to be enough, suffice
bastar con to suffice
bastidor flat (stage scenery), backdrop
bastión m. bastion
basura trash, garbage
batalla battle
batir: batir palmas to clap
baúl trunk
bautizar to baptize
beber to drink
bebida beverage, drink
bebito tiny child, newborn
béisbol m. baseball (game)
bendecir (irreg.) to bless
beneficio profit, benefit
beneficioso, — a beneficial
beso kiss
bestia creature, animal
bestial animal-like
bibliografía bibliography
bien well, fully; very; all right; **no bien** scarcely; **si bien** even if, although
bien m. blessings, benefits
bien que though
bienvenido welcome

137

blanco, — a white
blandir to brandish, hold aloft
blasfemia swear word, curse,
  blasphemy
bloquear to block, cut off
bocadito snack
boda wedding
bola ball
boletín *m.* news release
bolsa sack, bag
bolsillo pocket
bolsita small sack
bomba bomb
bonito, — a pretty
borde *m.* edge, threshold
borracho, — a drunk
bosque *m.* woods, forest
bote *m.* tin or aluminum can
botella bottle, jar
botón *m.* control knob, button;
  botón de encendido on-off knob
brazo arm
breve little, brief, short
brevemente briefly
brillar to shine
brindar (por) to toast, offer a toast
brío drive, urgency
brionia containing briony
Broca discoverer of a certain function
  in part of the brain
broma practical joke
bromear to make jokes
bromuro bromide
bronce: ligar bronce to work on getting a tan
broncearse to get a tan
brotar to burst forth
bruma mist
bruscamente brusquely, short
bruto, — a gross
bueno well; good; all right; **estar
  bueno** to be well, get well
bulto mass
bullicio hubbub, racket, noise
burgués, — sa middle-class
burguesa bourgeoisie, middle class
burlar to outwit; to joke

burlarse (de) to make fun (of)
busca search
buscar to seek, search (for)
butaca theater seat; **patio de butacas**
  orchestra seats

C

cabaña cabaña, hut
cabecera head of a bed
cabecilla *m.* boss
caber (irreg.) to fit, be contained
cabeza head
cabezazo: dar un cabezazo to head
  (the ball, in a game)
cabo end
cacahuate *m.* peanut
cachete *m.* slap, cuff
cada each; **cada vez más** more and
  more
cadáver *m.* (dead) body
cadencia cadence
caer to fall; **caerse** to fall off, fall
  down; **al caer la tarde** at nightfall
café *m.* coffee
caída end, close; fall
caja box, case
calamidad *f.* calamity, disaster, catas-
  trophe, tragedy
calcular to calculate
calentar to warm
calidad *f.* quality
cálido hot
caliente hot
calor *m.* heat
callado, — a quiet, of few words;
  silent
calle *f.* street
cama bed
cámara fotográfica camera
cambiar (de) to change
cambio change; **en cambio** rather,
  instead; in exchange
caminar to walk
caminata hike, walk, trek

camino road, track, way; **abrirse camino** to make one's way
camión *m.* truck
camisa shirt
camiseta T-shirt
campamento camp
campaña campaign
campesino peasant, farmer, agricultural worker
campo field
camuflaje *m.* camouflage
canal *m.* channel
canción *f.* song
cansado, — a tired, weary
cansarse to get tired
cansino, — a weary
cantar to sing
cantante *m.* and *f.* singer
cantidad *f.* amount, quantity
canto singing
caña sugar cane; reed
cáñamo hemp fiber
capataz *m.* foreman
capaz (de) able (to)
capilla chapel
capital *f.* capital city
capital *m.* capital, economic assets
capitalista *m.yf.* capitalist
capturar to capture
cara face; **mirar cara a cara** to look at one another face to face
carácter *m.* characteristic
característica characteristic
¡carajo! [a strong expletive] the English "My God!" or "Christ" are close equivalents
caray gee, gosh
carbohidratos carbohydrates
carbón *m.* coal
cárcel *f.* jail
carcelero jailer
carecer de to lack, not to have
carga burden
cargar to load; to carry; **cargar con** to hoist
cargo: alto cargo high official
Caribe *m.* Caribbean

caricatura nature, character
caridad *f.* lovingkindness, charity
cariño sweetheart, honey
caro, — a expensive; dearly
carta: carta de relación letter of record
cartel *m.* sign, poster, chart
cartera briefcase, portfolio
cartón *m.* cardboard
cartucho stick
carrera university studies
carreta cart
carretera highway; **control de carretera** roadblock
carro automobile, car
casa house, home; **de casa en casa** from house to house
casarse to get married
Casas, Bartolomé de las Spanish missionary and defender of the rights of Native American peoples
casi almost, nearly
caso case, instance
castañetear to chatter (teeth)
castrista *m.yf.* of Fidel Castro
casual coincidental
catedral *f.* cathedral
categoría level, status, class, category
catolicismo Catholicism
católico, — a Catholic
causa cause; **— a causa de** because of
cautivar to seduce, captivate
cavar to dig
caza hunt
cazar to catch; to hunt; to aim at
ceder to give in
celebridad *f.* fame, notoriety
celestial celestial, from Heaven
centavo cent
centro center, focal point
cerca near, nearby
cercano, — a nearby
cerco fence
cereal *m.* cereal grains
cerebración brain activity
cerebral in the brain

cerebro brain
certidumbre *f.* certainty
cerveza beer
cerrar to close; **cerrar de golpe** to slam shut
cesar to cease, stop
cesta: cesta de la compra market basket
cicatriz *f.* scar
ciego, — a blind
cielo Heaven; sky
ciencia science
científico, — a scientific
ciento hundred; **por ciento** per cent
ciertamente certainly
cierto, — a certain; **¿no es ?** isn't that right?; **por cierto** certainly
cigarrillo cigarette
cigarro cigarette, cigar
cimiento foundation
cine *m.* movies
cinta recording tape, cassette; ribbon
cinto belt
cipote *m.* son, "kid"
circo circus
circulante in circulation
circular to circulate, spread
círculo cycle, circle
circunvolución brain area
cita quotation
ciudad *f.* city
ciudadano, — a citizen
civilización *f.* civilization
clamor *m.* cry, clamor, protest
claramente clearly
claridad clarity
claro clear, plain; of course; **más — que el agua** as plain as day
clase *f.* class, kind, sort
claudicación *f.* halting pace
clic *m.* click
cliente *m.yf.* customer, client
cobardía cowardice
cobertizo shelter, hut
cobre *m.* copper
cocina kitchen

cocinero cook
coco cocoanut
coche *m.* automobile
coger to grab, seize, pick up, catch, gather
cojear to limp
cola waiting line, queue
colapso collapse
colar to rush through, whisk through; **colarse** to sneak in
colectivo, — a collective
colegio: colegio electoral polling place
colesterol *m.* cholesterol
colgar to hang; to hang up (a phone)
colina hill
colmillo fang, canine tooth
colocar to place
colonia colony
colonial colonial
colonización *f.* colonization
comandante *m.* major (military officer)
combate *m.* combat
combatir to fight, combat
comentar to speak about, comment on
comenzar to begin
comer to eat; **comerse** to devour, eat up
comerciante *m.yf.* trader, businessperson
comercial commercial
comercio trade
cometer to commit
cómicamente comically
comida food; meal
como like; in the role of; as; since
¿cómo? how?, in what way?; **¿cómo que no?** why not?
como que since
como si as if
compa *m.* pal, buddy
compaginarse to go hand in hand
compañero, — a companion
compañía company
comparación *f.* comparison

comparativamente comparatively, relatively
compartir to share
compás *m.* rhythm
compatriota *m.* and *f.* fellow citizen
compensar to make up for
competencia competence
competir to compete
completamente completely
comprar to buy
comprender to understand
comprometerse to commit one's self
compromiso commitment
comunicación *f.* communication
comunicar to transmit
comunicarse a to communicate with
comunidad *f.* co-existence
Comunidad de Base *f.* Base Community
comunista *m.* y *f.* Communist
con with; **para con** toward
concatenación *f.* linkage
concebirse (i) to be thought of
concentración *f.* concentration
concerniente a regarding
concluir to finish, complete, fulfill
concreto: en concreto particularly, especially
Concha nickname of Concepción
condenar to condemn
condición *f.* condition, characteristic; **en iguales condiciones** under the same arrangement
condiciones *f. pl.* condition
conducir to drive (a vehicle); to lead, take along
conferencia conference
confiar to entrust
confiar en to trust, be assured
confirmación *f.* confirmation
confirmar to confirm
conflictivo, — a controversial
conformarse con to settle for, be content with
confundido, — a confused
conjunto collection, grouping
conjuro magic power

conocer to know (be acquainted with); to meet; to learn; to recognize
conocés (regional form of **conoces**)
conocimiento consciousness
conquista conquest
conquistador *m.* conqueror, invader; related to the conquest
consecución *f.* achievement
consecuencia consequence, conclusion
conseguir to get, earn, achieve, reach the point of
consejero, — a adviser
consentimiento consent
conservador, — a conservative
conservar to keep, preserve
considerablemente considerably
consideración *f.* consideration
considerar to consider
consigo with themselves, himself, herself
consistir en to consist in
consonante *f.* consonant
constante *m.* constant factor
constante steady, regular, persistent
constitución f. constitution
constituir (like huir) to constitute
construir to build
Cónsul the famous horse of the Roman emperor Caligula
consumir to consume
consumo consumption, use
contacto: contact; llave de contacto ignition key
contar to tell; **contar con** to count on
contemplar to look at, contemplate
contener to hold back, control, contain
contentarse con to settle for
contestar to answer
continente *m.* continent
continuamente continuously
continuar to continue, go along
continuo, — a continuous
contoneo strutting

141

contra toward; against; **en contra de** against

contradictorio, — a to the contrary

contrariar to oppose, go against

contrario, — a opposed

contrata contract

contratiempo disappointment

contribuir to contribute

contribuyente *m.y f.* taxpayer

control *m.* control; check-point; **control de carretera** roadblock

controlar to control

convalecencia convalescence

convertir to convert, change

convertirse en to turn into, become

convicción *f.* conviction

convocar to call for, decree

coraje *m.* anger

corbata necktie

coro chorus

corona crown (meaning the king or queen)

coronar to crown

coronel *m.* colonel

corporación *f.* corporation

cortar to cut; to pick, gather

Cortés, Hernán Spanish invader of Mexico (1519)

corto, — a short

cortina curtain

correcto right, O.K.

correr to run; to traverse

corriente *f.* current, flow

cosa thing; **poca cosa** not much

cosecha harvest

cosechar to harvest

cosechero grower

cosita small thing, trifle

cosquilleo tickling

costa shore

costar (ue) to require, demand; to cost; to be difficult

costumbre *f.* habit

crear to create

crecer to grow, grow up, flourish

creciente growing, increasing

crédito (financial) credit

creer to believe; **¡ya lo creo!** yes, indeed!

crepúsculo twilight

cretino cretin, idiot

creyente *m.y f.* Christian believer

criado, — a servant

criollo, — a Creole, that is, Latin American of only European ancestry

cristalizar to crystallize

cristianisme *m.* Christianity (in the Catalan language)

cristiano, — a Christian

crucifixión *f.* Crucifixion

crueldad *f.* cruelty

cruz *f.* cross

cruzar to go across

cuaderno de notas notebook

cuadro: **cuadro de luz** square beam of light

cuadrúmano, — a four-handed

¿cuál? which one?

cual: **tal o cual** this or that; **lo cual** which

cualquier, ra any (at all)

cuando when; **siempre y cuando** provided; **cuando más** at most; **de cuando en cuando** from time to time

cuanto: **en cuanto a** as for; **en cuanto** as soon as

cuanto: **en cuanto a la religión se refiere** as far as religion is concerned

cuanto (-a, -os, -as) **más** — más — the more — the more —

cuartel general *m.* headquarters

cuarto room

cubano, — a Cuban

cubierto, — a covered

cubrirse to cover one's self

cuchillo knife

cuello neck

cuenta account; **cuenta corriente** bank account; **darse cuenta** to realize

cuerda string (of a musical instrument); rope

cuerpo body
cuervo crow
cuesta slope
cuidado(s) care; cuidado no se te vaya el pie watch your step
cuidar de to care for, take care of
culpable guilty, responsible
cultivar to grow, cultivate, raise
cultura culture
cultural cultural
cumplir to carry out; to do one's job; cumplir — años to reach a certain age
cuneta roadside, ditch
curarse to be cured; to get well; to take care of one's self
curiosidad *f.* curiosity, oddity
cutáneo, — a applied to the skin
cuyo, — a whose

CH

chile *m.* chili peppers
chileno, a Chilean, from Chile
chimpancé *m.* chimpanzee
chispa spark
chiste *m.* joke
chocolate m. chocolate
chófer *m.* chauffeur
chucho malaria
chutar to kick a ball

D

Dalkon shield [English] a hazardous contraceptive device
daño harm
danza dance
dar to give; dar una vuelta to take a complete look; dar en el blanco to hit a target, hit the mark; darse cuenta to realize; darle a uno por + inf. — to feel like; darse prisa to hurry up
de of, from

de entre among
deambular to pace about
deber *m.* duty
deber (de) to be obligated, should, ought to
débil weak
debilitar to weaken
debilitarse to grow weak
decenas tens (10's)
decente decent
decí (a regional form of the imperative di) tell; say
decididamente stoutly, firmly
decidir(se) to decide
decir (irreg.) to say, tell; querer decir to mean; es decir that is
decís (regional form of dices)
decisión *f.* determination, decision
decisivo, — a decisive
declarar to declare, decree
dedicación *f.* dedication
dedicar to dedicate, devote; dedicarse a to spend one's time
dedo finger
defenderse to "get along", get by; to defend one's self
defensa defense
defensor, — a defender
definitivamente definitely
deglución *f.* swallowing
degradante degrading
dejá (regional form of the imperative deja)
dejar to allow, permit; dejar de to stop, cease; to fail to; dejar paso to open the way; dejarse to let one's self
delante de in front of
delantera future development
delicado, — a delicate
delirante delirious, raving
delirio ravings, madness
demanda demand, economic demand
demás other; por lo demás moreover
demasiado too, excessively; too much

143

democracia democracy
democráticamente democratically
democrático, — a democratic
demonio demon, temptation
demostración *f.* means of proof; demonstration
demostrar (ue) to show, demonstrate, prove
demostrarse to be demonstrated
dentro inside; in; **por dentro** on the inside
dependencia dependence
depender to depend
dependiente *m.*y *f.* salesperson, clerk
depositario keeper
depósito warehouse
derecha right hand; right side; right wing political force; **a la derecha** stage right
derecho (civil) right
derecho, — a straight; **ponerse derecho** to straighten up
derivado, — a derived
derramar(se) to spill
derrocar to overturn, remove from power
derrotar to defeat
desabrochar to unbutton
desaparecer to disappear
desarrollar(se) to develop
desarrollo development
desayuno breakfast
descansar to rest
descanso rest, relaxation; intermission
descender (ie) to drop; to descend, go lower
descendiente *m.*y*f.* descendant
descenso descent
describir to describe
descubrir to discover
desde from; whence; **desde que** ever since; **desde luego** right away; of course
desear to wish, desire
desentumecer to limber up

desenvainar to pull (a knife) from its sheath
deseo desire
desequilibrar to unbalance, upset
desesperadamente desperately, urgently
desesperado, — a desperate
desesperante daunting
desesperar to despair
desestabilizar to destabilize
desgarrador, — ra heartrending
deshacer to undo
desierto, — a deserted
desigual unequal
deslumbrante dazzling
desnudo, — a bare, naked
desorganización *f.* disorganization
despacio slowly
despedida farewell
despedir(se de) (i) to bid good-bye (to)
despeinado, — a dishevelled, unkempt
despeñar to roll down, shove
desperezarse to stretch (one's self)
despertar(se) (ie) to awaken, wake up
desposeído, — a disinherited
despotismo despotism
desprender to tear off
después then, afterwards
destacar to emphasize, highlight
destino fate
destronar to drive away
destruir to destroy
desvanecer to eliminate
desvanecerse to fade
desvelo sleeplessness
desviarse to be turned away, be deflected
detallado, a detailed
detalle *m.* detail
detenerse (like tener) to stop
detenido, — a retarded
determinar to determine
detrás (de) behind, at the rear; **por detrás** on the backside

deuda debt
devolvé (regional form of the imperative **devuelve**)
devolver (**ue**) to give back
devorar to devour
día *m.* day; **al día** per day; **el día menos pensado** when you least expect it; **de día** by day; **día más día menos** give or take a day
diario, — **a** daily, per day
dicha joy, bliss
dicho, — **a** the aforesaid
dictador dictator
dictadura dictatorship
dictar to dictate, force
diente *m.* tooth
dieta diet
difamación *f.* slander
diferencial differential
diferente different
difícil difficult
dificultad *f.* difficulty, problem
dificultar to hinder
difundido, — **a** spread
diga: no me diga you don't say
digás (regional form of the subjunctive **digas**)
dignatario, — **a** dignitary
dignidad *f.* dignity
diligencia diligence
diminución *f.* shrinkage, loss, diminution
dinámico, — **a** dynamic
dinamita dynamite
dinero money, cash
Dios God
dirección *f.* direction
directo, — **a** direct
directriz *f.* guideline
dirigir to direct, address; **dirigirse a** to turn towards; to address
discreción: a discreción random
discriminación *f.* discrimination
disfrutar to enjoy
disimulo pretending
disminuir (irreg.) to diminish, decrease

disolver(se) to dissolve
disparar to shoot, hit; to fire (a weapon)
disparatado, — **a** crazy, wild
disparo gunshot, fire
dispensar to excuse, let go
disponer de to have available
disponerse a to get ready to
disputar to contest
disquisitivo, — **a** resulting from investigation
distintivo identifying mark
distinto, — **a** different
distorsionar to distort
distribución *f.* apportionment, distribution
distribuir to distribute
diversión *f.* amusement, diversion
diverso, — **a** varied
divertirse (**ie,i**) to amuse one's self, to have a good time
doblado, — **a** bent over
doblar to double
docena dozen
dócil docile, tame, teachable
doctrina doctrine
documentación *f.* I.D., papers
documentado, — **a** documentary
documento document
doler to hurt, pain
doloroso, — **a** painful
dominado loser, victim
dominante principal, main; dominant
dominar to dominate
domingo Sunday
Domingo de Ramos Palm Sunday (the Sunday next before Easter)
dominio occurrence; domain
donde where
¿dónde? where?
dorado, — **a** golden
dormí (regional form of the imperative **duerme**)
dormir (**ue, u**) to sleep; **dormirse** to go to sleep
dormitar to doze
dormitorio a place to sleep

Dos Equis a brand of beer
doscientos, — as two hundred
dramáticamente dramatically
driblar to dribble (in a game)
dubitativo, — a characterized by
  doubt
ducha shower, bath
duda doubt
dudar to hesitate; to doubt
dueño owner
dulce sweet
dúo: a dúo as a duet
durante during, for
duro hard, rough, difficult

E

e (a form of y used before i- or hi-)
eco echo
economía economy
económicamente economically
económico, — a economic
echar to throw; to send; echar de
  menos to miss; echar a suertes to
  draw lots; echar a perder to ruin
echarse to throw one's self, jump
edad *f.* age
edén *m.* (Garden of) Eden
educación *f.* education, training
educativo, — a educational
efecto effect; efecto de sonido sound
  effect; en efecto in fact, indeed
eficientemente efficiently
¡eh! hey!
¿eh? O.K.?
ejem O.K.? see what I mean?
ejemplo example
ejercicio exercise
ejército army
el que, la que which
El Salvador a Central American
  nation, bordered by Guatemala,
  Honduras and the Pacific Ocean.
  Capital city, San Salvador
elección choice; election

electoral: colegio electoral polling
  place
electricidad *f.* electricity
elegido, — a chosen, elected
elemental primary
elegir to choose, select
elemento element, section
elevado, — a high
elocuencia eloquence
ello that reason
embarcar(se) to embark
embargo: sin embargo nevertheless
emboscada ambush
emigrar to emigrate
emisora radio station
emitir to produce, emit
emoción *f.* emotion
empaquetar to pack
empeorar to get worse
empezar to begin
empinado, — a steep
emplear to use, employ
empleo employment, job
emprender to begin, take up,
  undertake
empresa company, corporation;
  enterprise, undertaking
empujar to push
en in, at; en cuanto as soon as; en
  cuanto a as for
encantar to delight
encanto charm
encarcelar to put in jail, imprison
encargarse de to take on the job of
encender to light (a candle, for
  example); to turn on
encendido: botón de encendido on-
  off knob
encerrar to imprison, lock up
encías gums
encíclica encyclical letter (of a Pope)
encima: por encima de over
encogerse: encogerse de hombros to
  shrug one's shoulders
encolerizarse to get angry
encomendero holder of a royal Spanish land grant in the New World

146

encontrar to find
encontrarse to be; to find one's self
encorvar to bend
encuadre *m.* frame
enchufar to turn on (an appliance)
endemoniado, — a fiendishly difficult
enemigo enemy
energía energy
enérgico, — a energetic
enervamiento enervation
enfermar to cause to be sick
enfermedad *f.* illness
enfermo sick man
enfrentarse to face, face up to
enfrente de in front of; across from
enfurecerse to go wild with anger
enguantado, a gloved
enjalbegar to whitewash
enmarcar to frame
ennoblecer to ennoble
ensayar to practice, rehearse; to try out
enseñanza schooling, learning; teaching
enseñar to show, point out; to teach
ensordecedor, ra deafening
ensueño reverie
entender (ie) to understand; **se entiende** that is
entendés (regional form of **entiendes**)
enteramente entirely
enterarse to realize, "get it", understand
entero, — a whole, entire, complete
enterrar to bury
entonarse "to get into it"
entonces then; **por aquel entonces** back then
entrar to come on stage, to enter; to bring inside; **entrar en** go into
entre among; between
entregar to hand (over)
entregarse to surrender, give one's self up
entrenar to train, instruct

entretanto meanwhile, all the while
entusiasmo enthusiasm
envejecer to grow old
envolver to wrap
episcopal of bishops
época time of year; time of life; era, period
equilibrio balance, equilibrium
equipar to equip, outfit
eructar to belch
error *m.* mistake, error
escabullirse to clamber, scurry
escalera: escaleras abajo down the stairs, steps; **escaleras arriba** up the stairs, steps
escalofrío shiver
escalón *m.* step, stair
escapado escapee
escaparse to escape
escape: tubo de escape exhaust pipe, muffler
escarmiento example
escasez *f.* scarcity
escaso, — a slight, small, scanty
escena scene
escenario stage
esclavitud *f.* slavery
esclavo, a slave
escoba broom
escobazo swat with a broom
escocés, — sa Scotch (as in Scotch whiskey)
escoger to choose, select
esconder to hide
escribir to write
escrito, — a written
escritura land deed
Escuadrones de la Muerte Death Squads
escuchá (regional form of the imperative **escucha**)
escuchar to listen, hear
escudriñar to scan, look closely
ese, esa that
esencial: lo esencial the essential part
esfuerzo effort

eso that
esos they
espacial: nave espacial space ship
espacio space
espalda shoulder, back; de espaldas a with one's back to
espantoso, — a frightful, dreadful
español, — la Spanish; Spaniard
esparcido, — a scattered
especial special; en especial particularly
especialmente especially
especie *f.* species, kind
específico, — a specific
espectador, — ra spectator, member of the audience
espera: en espera de in hopes of
esperá (regional form of the imperative espera)
esperanza hope
esperar to wait for, to hope, expect
espiar to spy on
espíritu *m.* spirit, mind; conciousness
espontáneamente spontaneously
esposo, — a spouse
esquivar to dodge
establecer to establish
estacionario, — a stationary
estadio stadium
estado condition; state; en estado pregnant
Estados Unidos the U.S.A.
estadounidense from the U.S.A.
estaño tin
estar to be; to be located; to taste; estar a punto de to be about to; estarse to spend some time; estar bueno to be well, get well; estar de más to be superfluous
estático, — a motionless, static
estatus *m.* social status
este *m.* east
este, esta this
éste, — a the person just referred to; this one
estera mat

estilo style
estimar: estimar en gran cosa to place high value on
estirado, — a stretched out
estirar to stretch
estómago stomach
estorbar to hinder, prevent
estrechamente closely
estrechar la mano to shake hands
estrecho, — a narrow
estrella star
estremecerse to rustle, tremble
estribar to reside
estrictamente strictly
estridentemente shrilly
estructura structure
estructuracón *f.* structuring, organization
estruendo: con estruendo explosively
estrujado, — a crushed
estuco stucco
estudiante *m.* + *f.* student
estudiar to study
estudios studies, classes
estupendo, — a very great
estúpido, — a stupid, foolish
eternamente eternally
eternidad *f.* eternity
europea, — a European
evangélico, — a Biblical, evangelical
Evangelio Gospel (one of the first four books of the New Testament)
evangelización *f.* evangelization
evidencia evidence
evidente obvious
evitar to avoid
evocar to evoke
evolución *f.* evolution
exactamente exactly
examen *m.* exam, test
examinar to examine
exasperación *f.* exasperation
excavar to dig, excavate
excesivamente extremely

excesivo, — a excessive, overabundant
excitado, — a excited
excluir to eliminate
exclusiva exclusive right
exclusivamente entirely
Exigente, El "The Slavedriver"
exigir to demand
existencia existence
éxito success
exótico, — a exotic, strange
expansión *f.* expansion
experiencia experiment; experience
explanada courtyard
explicar to explain
exploración *f.* search, scouting
explosión *f.* explosion
explosivo, — a exploding
explotación *f.* exploitation
explotados exploited, oppressed
exportación *f.* export
expresión *f.* expression
extender to stretch out, hold out
extenderse to stretch
extensión *f.* land area
extenuado, — a worn out, exhausted
exterior on the outside; foreign
externo, — a outer, external
extracto extract, essence, perfume
extranjero, — a foreign
extrañar to miss, feel the absence of
  no es de extrañar it is not surprising
extraño, — a unusual; foreign
extraño, — a strange, odd
extraordinario, — a extraordinary
extremo side, end, part

F

fabricación *f.* manufacture
fabricar to manufacture
facción *f.* facial feature
facilidad *f.* ease, facility
factor *m.* factor
facultad *f.* ability

faena task, job
fajo bundle
falta lack
faltar to be lacking, to be without
fallar to fail
familia family
farmacéutico, — a pharmaceutical
fase *f.* phase
fatalismo fatalism
fatalmente beyond any doubt
favor *m.* kindness, favor; por favor
  please; favor de — please —
favorable promising; favorable
favorecer to aid
fe faith, trust
federal federated, federal
felicidad *f.* joy, happiness
feliz happy; gifted, well-endowed
felizmente fortunately
fértil fertile
fibra vegetable fiber
fidelidad *f.* loyalty
fiebre *f.* fever
figura figure; figura estática frozen pose
fijamente steadily
fijar to establish, fix
fijarse en to notice, look at
fijo, — a fixed, steady, blank
fila row, line, rank
filosóficamente philosophically
filosófico, — a philosophical
filtrarse to leak
fin *m.* end; purpose al fin after all; a fines de toward the end of
final final
finalmente finally
finquita little farm, plot of ground
firmar to sign one's name
firme firmly
flaco skinny, lean
flacura leanness
flojo, — a weak
flor *f.* flower
flotar to float
fluctuación *f.* fluctuation
fluir to flow

149

foco searchlight
fogonazo photo-flash
fonación *f.* sound production, phonation; **aparato de fonación** speech organs
fondo background; bottom, depths; inside
fonema *m.* phoneme
fonético, — a phonetic
forma form, way, manner
formación *f.* formation
formar to form
formidable formidable
fortalecer to strengthen
fortuna (good) luck
fortuna fortune
forzar to force
fosa hole
foto *f.* photograph, snapshot
fotografía photograph
fotográfico, — a photographic; **cámara** camera
fracaso failure
francamente truly, really
Francia France
frase *f.* phrase, sentence
frecuentemente often
frenazo squeal of brakes
frente *f.* forehead
frente *m.* front; **en frente de** in front of, before
frente a facing; **uno frente al otro** face to face
fresa strawberry
fresco, — a fresh, cool
frescor *m.* coolness
frijol *m.* bean
frondoso leafy
frontera frontier, national border
frotar to rub
fruta fruit (specific)
fruto fruit (general)
fuego gunfire
fuente *f.* fountain
fuera out of bounds
fuera de outside of, beyond
fuera de que beside the fact that

fuerte strong, powerful, intense
fuertemente loudly
fuerza(s) strength, force; **fuerza de voluntad** will power
fuga escape
fugitivo fugitive
funcionar to operate, function
fundamental fundamental
funeral *m.* funeral
furiosamente furiously
fusil *m.* rifle
futbol soccer
futbolista *m.* y *f.* soccer player
futuro future

G

gafas eyeglasses; **gafas de sol** sunglasses; **gafas de espejo** mirror sunglasses
gallo rooster
ganadera ranching
ganado herd
ganancia profit, gain
ganar to earn
garantizar to guarantee
gas *m.* gas
gastar to spend
gasto expense
gatillo trigger
gemido moan
generación *f.* generation
general general
generales *f. pl.* the house lights
generalmente usually
genocidio genocide
gente *f.* people, employees
geografía geography
gestarse to be formed, to take shape
gesticulacion *f.* gesticulation
gesto gesture, expression
gigante huge
gimnasia gymnastics, exercise
girar to spin, revolve
giratorio, — a revolving
gloria glory, splendor

glotonería gluttony
gobernar to govern
gobierno government, authorities
goce *m.* joy, pleasure, enjoyment
gol *m.* goal, score
golfo gulf
Gólgota tragedy (figuratively)
golosina sweet, treat
golpe *m.* blow, slap; **cerrar de golpe**
　to slam shut; **de golpe** suddenly,
　golpe militar military coup
golpear to knock, strike, hit, beat
golpecito gentle flow
gorra cap
gota drop
grabar to record (electronically)
gracia grace, humor; **hacerle a uno**
　gracia to be amusing
gracias thank you
grada steps, stairs
grado degree
granado pomegranate tree
grande big, large
Grande, Rutilio a priest who was
　assassinated
granero storehouse, barn
grano grain
gratis free of charge
gratitud *f.* gratitude
grave serious
gravedad *f.* gravity, seriousness
grillo cricket
gringo, — a U.S. person, "Yankee"
gritar to yell, shout
grito shout
grupa back
grupo group
guante *m.* glove
guardar to keep, store up, put away;
　guardarla con cien ojos to keep a
　close eye on her
guardés (regional form of the sub-
　junctive **guardes**)
guardia guard; **Guardia Nacional**
　National Guard
guatemalteco, — a Guatemalan
Guazapa name of a certain volcano

guerra war
guerrero, — a warlike
guerrillero, — a guerrilla fighter
guineo banana
guiñada wink
guiñar to wink
güisqui *m.* whisky
guitarra guitar
gusano worm
gustar to please
gusto pleasure, taste

H

haber (auxiliary verb with compound
　tenses) to have; **va a haber** there's
　going to be; **de haberlo querido** if
　I had wanted to
habitación *f.* room
habitante *m.*y *f.* inhabitant
hábito habit
habitual routine
habla: de habla hispana
　Spanish-speaking
hablador, — ra talkative
hablame (regional form of the
　imperative **háblame**)
hablar to talk, speak; **ni hablar** no
　way, out of the question
hablés (regional form of the subjunc-
　tive **hables**)
hace + (a period of time) ago,
　previously, before
haceme (regional form of the
　imperative **hazme**)
hacendado owner of an hacienda
hacer to make, do, build; **hacer**
　como que to pretend to; **hacerse**
　cargo de to take charge of; **hacerse**
　(a uno) to become
hacia toward, in the direction of
hacienda large rural property
hallar to find
hallarse to find one's self, be
hambre *f.* hunger
harto, — a exasperated, fed up

VOCES *del SUR*

hasta (que) until; as far as; down to; even; **hasta la vista** so long; **hasta pronto** see you soon
hay there is, there are; **hay que** you must
haz *f.* load, bundle
hazaña great deed
he: **he aquí** you see here
hecho fact, event
hecho, — a made, built, constructed
hectárea hectare (2.471 acres)
Heinicke a teacher of deaf mutes
helar to freeze
helicóptero helicopter
hembra female
hemisferio hemisphere
herida wound, scar
hermano, — a brother, sister
hermoso, — a lovely, beautiful
herramienta tool, implement
hey hey
híbrido, — a hybrid
hierro iron
higuera fig tree
hijo, — a son, daughter, child
hilo string
hincar to sink
hinchar to swell
hipócrita hypocritical
hippi *m.* y *f.* hippie
hippy *m.* y *f.* hippie
hispano, — a Hispanic
hispanoamericano, — a Spanish-American
historia story, record, history
historiador, — ra historian
hogar *m.* hearth, cooking stove; family life, home
hoja leaf
hola hello, hi!
hombre *m.* man; humankind
hombro shoulder; **encogerse de hombros** to shrug one's shoulders
homilía homily, sermon
honda slingshot
hondo, — a deep, deep-rooted
honrado, — a honest, fair, dependable
honrar to do honor
hora hour; **la hora Miller** "Miller time"
horizontal horizontal
horquilla slingshot fork
horror *m.* horror
horrorizado, — a horrified
hospital *m.* hospital
hoyo hole
hube de I came to; I had to
huelga labor strike
huérfano, — a orphan
huerta garden, orchard
huerto farmyard
huevo egg
huir to escape, flee
humanidad *f.* humanity
humanizar to humanize
humano, — a human (being)
humilde humble
humor *m.* humor; **sentido del humor** sense of humor
hundido, — a sunken
hundir(se) to dig, sink

I

i and (in the Catalán language)
idea intention; idea
identificarse to identify one's self
ideología ideology
idioma *m.* language
idiota *m.* idiot
idiosincracia idiosyncrasy
iglesia church
ignominia evil deed
ignorar not to know, to be unaware of
igual que just as, like
igualdad *f.* equality
igualmente likewise
ilegal illegal
ilustración *f.* example, illustration
imagen *f.* image

imaginar(se) to imagine
imaginario, — a imaginary
imbecilidad *f.* stupidity
imitar to imitate
imitativo, — a imitative
impaciente impacient
impedir (i) to prevent, stand in the way of
imperceptiblemente imperceptibly
implementar to occur, happen, come into effect
imponer to impose
importación *f.* import, importation
importador, — ra importing
importancia importance
importante important
importar to import; **importarle a uno** to matter, be of importance
imposible impossible
impotencia powerlessness
imprescindible indispensable
impresión *f.* impression; **de impresión** apparent
impresionar to impress
imprimir to imprint (upon)
impuesto tax
impulsar to impel
impulso impulse
impulsor, — a originating
inadvertido, — a unnoticed
inarticulado, — a inarticulate
incapacidad *f.* inability
incendiar to burn
incesante ceaseless
incipiente just beginning
incitar to encourage
inclinado, — a steep
inclinar to incline
inclinarse to slope; to bow; to lean over
incluir to include
incluso even
incomparablemente incomparably
incondicional unconditional
inconsciente unconscious
incontestable incontestable
incorporación *f.* incorporation

incorporarse to sit up
incrédulamente incredulously
incrustar to stick into
independencia independence
indicar to point at; to assign
indicio sign, indication
indio, — a original inhabitant of the Americas
indiscriminado, — a careless; from snipers
individuo individual
inducir a to coax into
industria industry
industrial industrial
industrialización *f.* industrialization
industrializar to industrialize
inefectivo, — a ineffective
inerte inert
inervación *f. :* **inervación vocal** voice production
infantil infant
infausto, — a unlucky
inferior *m.* y *f.* one of less value
infinitamente infinitely
infinito, — a endless
inflamable flammable, inflammable
influyente influential
información *f.* information
informes *m. pl.* information, reports
infortunio misfortune
infructuoso, — a fruitless
infundir to implant
inglés *m.* English; of the English
ingresar en to join, affiliate with
iniciar to begin, start
iniciativa initiative
injusticia injustice
injusto, — a unjust
inmediaciones *f. pl.* outskirts
inmediatamente immediately
inmediato, — a (a) next (to)
inmensidad *f.* immensity
inmenso, — a very heavy; immense
inmoral immoral
inmóvil motionless
inmovilista intransigent
inmovilizado, — a motionless

inmovilizarse to stop moving, "freeze"
inocente innocent
inquebrantable unshakeable
inquieto, — a restless
inquisitivo, — a resulting from curiosity
insistir en to insist on; to demand, "go for"
insoportable unbearable
inspección *f.* inspection
instalación *f.* establishment
instalarse to set up operations; to settle down
instante moment, instant; **al instante** at that moment
instintivo, — a instinctive
instinto instinct
institucionalizado, — a institutionalized
instrucción *f.* instruction
insrumental instrumental
instrumento instrument
insurrección *f.* insurrection
integral total
intelectual intellectual
intelectualizarse to become moody
inteligencia intelligence
inteligentemente intelligently
intención *f.* intention
intentar to try, attempt
intento attempt, effort
intercambio exchange
interés *m.* interest
interior inner part, inside
interminable endless
interpretar to interpret, play (a role)
intervenir to be involved
interrumpirse to be interrupted
íntimamente intimately
intimidad *f.* intimacy
intimidado, — a intimidated
íntimo, — a intimate, close
intrépido, — a fearless, bold, intrepid
intrínseco, — a intrinsic
inusitado, — a unusual

inútil useless, pointless
inversionista for investment
invertir to invest
investir to invest
investigar to investigate
invierno winter
invisible invisible
invitar to invite
ir (irreg.) to go; **vamos a** let's; we're going to; **irse a** to head for; **irse** to go away; **ir en serio** to "mean business"; **ir al traste** to go down the drain
ironía irony
irrefutable irrefutable
irresistible irresistible
irritar to irritate
irrumpir en to burst into
isla island
izquierda left hand; left wing political force; **a la izquierda** stage left
izquierdista *m.* y *f.* leftist, left-wing

J

¡ja! ha!
ja, ja ha-ha
jabón *m.* soap; **jabón de olor** perfumed soap
jalar to pull
jamás never; **nunca jamás** ever again, never again
jangada raft
jarra pitcher
jarro jug
Java Java
Jesucristo Jesus Christ
Jerusalén triumph (figuratively)
jodete (regional form of the imperative **jódete**) screw you
joven young
jugar to play; **querer jugar** to play a trick; **jugar a** to play (sport)
juguetón, — na playfully
juicio trial (at law); judgment

junto(s) together; **junto a** next to, beside
jurar to swear, vow
justamente precisely, exactly
justicia: sol de justicia hot sun, burning sun
justo just
juventud *f.* youth
juzgar to judge

K

ki-ki-ri-ki cock-a-doodle-do
kilómetro kilometer

L

labial of the lips
labio lip
labor f. work
labrador, — ra farm worker, peasant; **labrador de madera** woodcutter
labrar to till the soil, plow
ladera slope
ladino, — a (in Guatemala) of mixed European and Native American ancestry
lado side **por otro lado** moreover
ladrar to bark
ladrillo brick, builder's block
lágrima tear, weeping
laico, — a lay person
lamento cry, wail, lament
lana wool
lanzar to spend, put down, shoot
lanzarse to dash, lurch
lápiz *m.* pencil
largo, — a long
laringe *f.* larynx
lata tin or aluminum can
lateral offstage
latifundio huge land holding
latifundista *m.* y *f.* large landholder
latín Latin
Latinoamérica Latin America

latrocinio thievery, plunder
lavar to wash, launder
lección *f.* lesson
lector *m.* reader
leche *f.* milk
leer to read
legal legal
legitimador, — a legitimizing; **simbolo** hallmark
legítimo, — a legitimate
lejano, — a distant
lejos far away, **a lo lejos** into the distance
lempira monetary unit of Honduras
lengua tongue; language
lenguaje *m.* language; speech
lentamente slowly
leña firewood
letra letter, sound, words of a song
levantar to raise; **levantarse** get up in the morning, stand up
ley *f.* law; **con todas las de la ley** to the letter of the law
liana vine
liberación liberation
liberal liberal
libertad *f.* freedom
libre free
libreta account book, wage book
libro book
licencia license
líder *m.* leader
liderazgo leadership
ligar: ligar bronce to work on getting a tan
ligero, — a slight
limbo limbo
limitar to limit, have a boundary
limpiarse to wipe
limpio, — a clean
lindo, — a lovely, nice, fine
línea line
lío mess
litoral *m.* coastline
lívido, — a livid
lo: lo de the story of; the matter of
lo que what, which; that

local local
localización *f.* lodging, location
loción *f.* hair tonic, cologne
lógico, — a logical
lograr to achieve
loro parrot
lote *m.* plot (of land)
lucha struggle
luchador, — ra struggler, battler
luchar to struggle, fight
lucir to shine
luego then
lugar *m.* place, spot dar lugar a to
  give rise to
lujo luxury
lujoso, — a luxurious
lumbre *f.* fire (for cooking)
luna moon
lunes *m.* Monday
luz *f.* light, understanding, enlight-
  enment; a la luz de in light of a
  plena luz in full daylight

LL

llama flame
llamada call, summons
llamamiento call, summons
llamar to knock, call; llamarse to be
  called, named
llamativo — a gaudy, showy
llano, — a level, flat, even
llanto weeping
llanura flat land
llave *f.* key; llave de contacto ignition key
llegada arrival
llegar (a) to reach the point of
lleno, — a covered; full
llevar to carry, bear, take, put; to
  spend time; to occupy, take up, to
  bring;
llevárselo todo to take it all away;
  llevado en volandas carried aloft
lluvia rain, rainfall

M

machete *m.* machete, sickle
madera wood; labrador de madera
  woodcutter
madre *f.* mother
maduro, — a ripe
maestro, — a schoolteacher; learned
  master
magia: por arte de magia in a magi-
  cian's trick
magnetófono tape cassette player
magnitud *f.* magnitude
maíz *m.* corn, maize
majestad *f.* majesty
mal *m.* evil; ilness
maleta suitcase; hacer las maletas
  pack one's bags
malhumor *m.* bad humor
malnutrición *f.* malnutricion
malnutrido, — a malnourished
malo, — a bad
malla net
Managua capital city of Nicaragua
manar to flow
manchar to stain
mandar to send
mandarina mandarin orange,
  tangerine
¿mande? yes?
manejar to drive (a vehicle)
manera way, manner; de manera que
  in such a way that; a su manera in
  his own way
manifestación *f.* demonstration;
  showing, evidence
manipular to handle, deal with
mano *f.* hand; ¡manos arriba! hands
  up! mano de obra workers
Mano Blanca a secret terrorist group
manosear to fumble, fiddle
mansedumbre *f.* gentleness
mantener to maintain, keep (up),
  hold (onto); withhold
mañana *f.* morning; por la mañana in
  the morning
mañana *m.* tomorrow

manufacturado, — a manufactured
máquina machine
mar *m.* sea, ocean
marcar to score
marcha departure; **ponerse en marcha** to begin to move
marcharse to go away
mareo dizziness; nausea
margen *m.* margin
marinero sailor
mariposa butterfly
marrón brown
mas but
más more; **cuando más** at most
masa mass
masacrar to massacre
masacre *m.* massacre
Master *m.* master's degree
mata growing plant, vine
matanza massacre, slaughter
matar to kill
mate *m.* mate (an herbal infusion); a drink of mate
material (adj.) material, significant
material *m.* material
materno, — a maternal
maya *m.* y *f* Maya, Mayan
mayor older; larger; greater
mayoría majority, larger part; **en su mayoría** for the most part
mayoritariamente for the most part
mayoritario, — a of the majority
mazorca ear of corn
mecánico, — a mechanical
media stocking
medicina medicine
médico, — a (noun) doctor, physician
médico, — a medical
medida measure, rate; **a medida que** as
medio means; **por medio de** by means of
medio half, half-way; **medio ambiente** *m.* environment; **en medio de** in the middle of; **medio, a** middle; **media burguesa** less

affluent, middle class
mediodía *m.* noon
meditabundo, a — thoughtful
meditación *f.* close thinking
meditar to think out, plan
mejor best, better
mejorar to improve
melancólico, — a melancholy
melena long hair
melón *m.* melon
memoria memory
mencionar to mention
menester *m.* task, job, purpose
meningitis *f.* meningitis
menos less; **al menos** at least; **lo menos** the least amount
mensú *m.* (an abbreviation of **mensualero**) a laborer who works under a monthly contract
mental mental
mente *f.* mind
mentir (ie, i) to lie, not to tell the truth
mercado marketplace, market
mercancia merchandise
merced *f.* favor, blessing
merecer to deserve
mero, — a very
mes *m.* month
meseta plateau
mesilla small table
mestizo, — a Mestizo; of mixed ancestry
metálico, — a metallic
metás (regional form of subjunctive **metas**)
meter to put, stick
método method, means
metralleta automatic rifle
metro meter (100 centimeters)
mexicano, — a Mexican
mezclar(se) to mix
micrófono microphone
miembro, — a member
mientras (que) while, at the same time as; **mientras tanto** meanwhile
miércoles *m.* Wednesday

mierda shit
mil one thousand
milagro miracle
milenario, — a age-old
militar *m.* military man; military; los
   militares the military
milpa land, plot of cultivated land
milla mile
millón *m.* million
mimetismo mimicry
mímico, — a imitative, mimicking
mimo mime, silent mimicry
minera mining
minero, — a related to mining
mínimo, — a minimum; lo mínimo
   almost nothing, the very least
minoría minority
minoritario, — a in the minority
mío, — a mine
mirá (regional form of the imperative mira)
mirada glance, look, gaze
mirar to look at, gaze at; mirarse cara
   a cara to look at one another face
   to face
misa Mass
miseria misery, poverty,
   wretchedness
mísero, — a wretched, miserable
misión *f.* mission
misionero, — a missionary
mismo, — a same, self; own; lo
   mismo the same thing
misterio mystery
misterioso, — a mysterious
mitad *f.* half; middle
mocos *m. pl.* mucus, snot
mochila backpack
moderado, — a moderate,
   middle-of-the-road
modesto, — a modest
modificación *f.* variation
modo: de todos modos at any rate a
   modo de as
mojarse to get wet
momento moment
moneda coin; currency

monja nun
mono monkey
monocorde flat
monopolio monopoly
monopolizador, — ra monopolistic
Monseñor Monsignor (Archbishop
   Romero)
montaña mountain
montar to build, establish
monte *m.* a card game
montón *m.* pile
moral *f.* morale
Morazán name of a town
morder to chomp, bite
moribundo dying man
morir(se) (ue, u) to die
mortal mortal
mortalidad *f.* mortality
mosca fly (insect)
Moscú Moscow
mosquito mosquito
mostrar (ue) to show, exhibit
motivar to motivate
motivo motive
motor *m.* motor; motive force
mover (ue) to move; moverse to
   move about
movible mobile
movibilidad *f.* mobility
movido, — a motivated
movimiento movement
muchacho, — a boy, girl
muchedumbre *f.* multitude, crowd
muchísimo a whole lot
mucho a lot, hard (work hard)
mueca grimace
muerte *f.* death
muerto, — a dead
mujer woman; wife
mula mule
mulato, — a mulatto
multinacional multinational,
   transnational
multitud *f.* crowd
mundial of the world
mundo world; todo el mundo
   everybody

municiones *f. pl.* ammunition
muñeca wrist
muralla wall
murmurar to mumble, murmur
murmullo murmur
muro wall
músculo muscle
muslo thigh
mutis *m.* exit; **hacer el mutis** to leave the stage; **iniciar el —** to start to go offstage
mutismo refusal to speak
muy very

N

nacer to be born
nación *f.* nation, country
nacional national
nada nothing; not at all; **por —** you're welcome
nadie nobody
napoleónico, — a Napoleonic
nariz *f.* nose
narración *f.* story
narrador narrator
nasalmente nasally
natural *m.* y *f.* native; natural
naturaleza nature, character
naturalmente naturally
nave: nave espacial *f.* space ship
navegación *f.* shipping
navío: navío de permiso licensed trading ship (under provision of the Treaty of Utrecht)
necesario, — a necessary
necesidad *f.* need
necesitado, — a needy, deprived
necesitar(se) to need; to be needed
necesitás (regional form of **necesitas**)
negocio(s) business matters; **hombre de negocios** businessman
negro, — a black; black person
nervioso, — a nervous, anxious, worried, upset

neutral neutral
ni not even; neither, nor
nicaragüense *m.* y *f.* Nicaraguan
ninguno, — a none, not one
niño, — a small child
nivel level
nobleza nobility
noción *f.* notion, idea
nombre *m.* name
normalmente usually, as a rule
norte *m.* north, North
norteamericano, — a citizen of the U.S.A.
nota note; **cuaderno de notas** notebook
notable remarkable
notar to notice
noticias news
notorio, — a remarkable
novedad *f.* new feature
nudillo knuckle
nudo knot
nuestro, — a, — os, — as our
nuevo, — a new; another
Nuevo Mundo New World, America
número number
numerosos numerous
nunca never, ever; **nunca jamás** ever again, never again; **nunca más** ever again, never again
nutricionista *m.* y *f.* nutritionist

O

o or
obedecer to obey
obediencia obedience
obispo bishop
objeto object
obligar to force, obligate, make
obra play, drama, work of art
obraje *m.:* **peón de obraje** laborer
obscuro, — a dark
observar to observe
obsesión *f.* obsession
obstante: no obstante nevertheless

obtener (irreg.) to obtain, derive
obvio, — a obvious
ocasión *f.* occasion, instance
ocasionar to give rise to
occidente *m.* the Western world
océano ocean
ocultarse to hide (one's self)
ocupado, — a busy
ocurriera had happened
ocurrir to occur, happen; ocurrírsele
   a uno to occur to a person (to
   get an idea)
odiar to hate
odio hatred
oeste *m.* west
ofensa offense, insult
off: en off off stage
oficial official
oficialmente officially
oficina office
ofrecer to present, offer
oídos ears
oír to hear; oírse to be heard
ojeada glance; echar una ojeada to
   take a quick look
ojo eye
oler to smell
oligarquía oligarchy
olmeca *m.* y *f.* Olmec
olor *m.* odor, smell, aroma; jabón de
   olor perfumed soap
olvidarse (de) to forget
opción *f.* choice, option
opcional optional
operarse to take place
oponer to oppose, set against
oponerse a to oppose
oportunidad *f.* opportunity
oposición *f.* opposition
oprimido, — a oppressed
optimismo optimism
opuesto, — a opposite
ora . . . ora first . . . then
oración *f.* sentence
orden *f.* order, command
Orden a secret terrorist group
ordenar to command

orgánico, — a organic
organizar(se) to organize
órgano organ
orgulloso, — a proud
origen *m.* origin
originar to originate
originariamente originally
orilla riverbank, shore
oro gold
orquestado, — a orchestrated
oscuridad *f.* darkness
oscuro, — a dark
otoño autumn
otro, — a other, another; someone
   else; otros more

P

Pablo VI Pope Paul VI
paciente patient
pacífico, — a peaceful, tranquil
Pácifico, el the Pacific Ocean
pacto, Pacto de Familia agreement
   between Spain and France
padecer to suffer
padre *m.* father; padres parents
padre *m.* father (priest)
paga pay, wages
pagar to pay
país *m.* country, nation, land
paja straw, hay
pájaro bird
palabra word; ability to speak; una
   palabra suelta a bit of news
paladar *m.* palate
pálido, — a pale
palma palm (of the hand); palm
   branch; batir palmas to clap
palmada to clap; dar una palmada
   clap one's hands; to give a pat
palmera palm tree
palmo plot (of ground)
palo pole
palote stake
p'allá (construction of para allá) that
   way; over there

pan *m.* bread; **Bimbo** sliced bread, U.S. style
panamericano, — a Pan-American
pánico panic
pantalones *m. pl.* pants
pantomima pantomime
papa potato
papá *m.* dad
papacito daddy
paño cloth
papel *m.* role; paper
paquete *m.* package
par *m.* couple, two
para in order to, for the purpose of; for; to **para con** toward
paradero whereabouts
paradisíaco, — a paradisiacal
parado, — a standing
paralelamente alongside
paralelo, — a parallel
paralización *f.* paralyzing
parar to stop; **pararse** to stand
parcialmente part way
parecer to seem, appear; **parecerse a** to resemble
pared *f.* wall
párpado eyelid
parte *f.* part; place; fraction; side; portion; **por otra parte** on the other hand, besides **por parte de** on the part of
participación *f.* participation
participar to participate
particular individual, particular
partido game **tomar partido con** to take the side of
partir: a partir de starting with
parto birth, moment of birth
párrafo paragraph
pasada: una mala pasada a bad business, a rotten circumstance; **de pasada** out over
pasado, — a earlier, prior
pasaje *m.* passage, travel expense, fare
pásale come here; come in
pasar to pass; **pasar de lejos** to walk past; **pasarás de esta** you'll get by;

pasarse to pass through, break through; to spend (a period of time) **pasar de** to exceed
pasillo aisle, corridor, hallway
paso step; **dar pasos** take steps; **dejar paso** to open the way
pastel *m.* trick; rotten deal
patear to kick, stomp
patético, — a pathetic
patillas sideburns
patinazo skid
patio: patio trasero back yard; **patio de butacas** orchestra seats
patrón *m.* boss; owner, master
pausa pause
pavo turkey
payasada frivolity
paz *f.* peace
pecho chest
pecado sin
peculiar special, unusual
pedacito small piece
pedagógico, — a for teaching
pedazo piece
pedir (i,i) to ask for, request, beg
pedregal *m.* rockpile
pegar to attach, stick onto
Pelé outstanding soccer player
pelear to fight
peligro danger
pelo hair
pelotita a little crumpled ball
pellizcar to pinch
pena sorrow, grief
penetrar to penetrate
península Spain
penoso, — a painful
pensar to think, think over
peón *m.:* **peón de obraje** laborer
peor worse **lo peor** the worst thing
pequeñito, — a tiny
pequeño, — a small, little; youngest
perder (ie) to lose; to waste; **perderse de vista** to fade from sight; **echar a perder** to ruin
perdido, — a hopeless
perdonar to forgive

perenne perpetual
perfectamente perfectly
perfecto, — a perfect, ideal
perfume *m.* perfume
periódico newspaper
periódico, — a periodic
período period, era
peripecias comings and goings
permanecer to stay, remain
permanente permanent, constant
permiso permission
permitir to allow, permit
pernicioso, — a pernicious
pero but, yet
perplejo, — a perplexed
perseguir (i,i) to follow, chase, pursue
persona human person
personaje *m.* character in a play or book
personal personal
pertenecer to belong
perturbado, — a disturbed
perversidad *f.* perversity
perro dog
perspectiva perspective
pesado, — a heavy
pésame *m.* condolences
pesar: a pesar de in spite of
pescado fish
peso basic monetary unit of El Salvador, Mexico, et al.
pétalo petal
petate *m.* beach blanket
petición *f.* request
petrificado, — a hardened
petróleo petroleum
picante spicy, hot
pico dibble stick used for planting
pie *m.* foot; a pie juntillas firmly
piedad *f.* pity, mercy
piedra stone
piel *f.* skin
pierna leg
pintar to paint
pinzas tweezers
piña pineapple

pipa pipe
pisotear to trample
pistola del 22 22 caliber pistol
pitar to blow a whistle
placer pleasure
plan *m.* plan
planear to plan
planeta *m.* planet
planificación *f.* planning
plano, — a level
planta green plant; planta industrial factory
plantado, — a standing
plantar to plant; plantarse to station one's self
plantear to state, put forward
plástico plastic
plata silver
plátano banana, plantain
playa beach
plaza square, plaza
plena: a plena luz in full daylight
pleno, — a complete
pluma feather
población population
poblado, — a heavily populated
pobre poor
pobreza poverty
poca: poca cosa not much; una poca a little bit
poco: un poco a bit, somewhat; poco a poco little by little; a poco little by little; shortly
poder *m.* power
poder (irreg.) to be able, can; puede que maybe
poderoso, — a powerful
podés (regional form of puedes)
policía *f.* police force; Policía de Seguridad Security Police
policía *m.* y *f.* police officer
política politics
político, — a political
polvo dust
poncho poncho, cape
poné (regional form of the imperative pon)

ponelo (regional form of the imperative **ponlo**)
poner to put, place; to turn on; to lay (eggs), to give; — **se a** to start to; **poner atención** to pay attention **poner en práctica** to practice **ponerse** to put on (clothes, for example); **ponerse derecho** to straighten up; **ponerse** (+ adjective) to become; **ponerse de puntillas** to stand on tiptoe; **ponerse en marcha** to begin to move
pontífice *m.* Pope, pontiff
popular: clase popular lower class
poquito little bit
por by, through, along, down, for; **por cierto** certainly;**por entre** from among; **por entre medio de** among; **por lo que hace a** as regards; **por momentos** at times; **por nada** you're welcome; **por supuesto** of course; **por — que** no matter how — **no por** in spite of
por qué why
porque because, since
portátil portable
portavoz *m.* spokesperson
portazo slamming door
pose *f.* pose, posture
poseer to possess
posición *f.* position **to mar posiciones** to be important
posibilidad *f.* possibility
posible possible
poste *m.* post; **poste de la luz** lamppost
posterior subsequent
postulado postulate, principle
postura: adoptar posturas to strike poses
potable safe to drink
pozo well
práctica: poner en prática to practice
practicar to practice
precaución *f.* wariness
precedente preceding
precio price

precipicio cliff
precipitarse to rush headlong
predisposición *f.* predisposition
predominante predominant
predominantemente predominantly
predominar to predominate
preferido, — a favorite
preferir (ie,i) to prefer
pregón *m.* cry
pregunta question
preguntar to ask
preguntarse to wonder
prehistoria prehistory
prejuzgar to plan ahead
prender to pin up, hang
prensa press
Prensa, La generic name for a newspaper
preocupado, — a worried, anxious
preocupar to worry, concern
preocuparse to be worried
preocupés (regional form of the subjunctive **preocupes**)
preparar to prepare, make
prepararse to get ready
presencia presence
presentar to introduce; to present, sponsor **presentarse como** to appear
presentido, — a foreseen
presentimiento foreboding, feeling
presidente *m.* president
presión *f.* pressure
prestigio prestige
pretender to pretend
pretexto pretext, excuse
prevalecer to prevail
previamente previously
primaria primary school
primavera spring
primero, — a first; **primero de todo** to start with; **lo primero** the first thing
primitivo, — a primitive
principal main, principal
principio beginning, opening
prisa haste; **darse prisa** to hurry up

privado, — a private; **privado de** deprived of

probabilidad *f.* probability

probablemente probably

probadamente demonstrably

probar (ue) to taste, eat; to prove, demonstrate

problema *m.* problem

procedencia source

proceder to proceed

proceso due process, procedure

procurar to attempt

producción *f.* production

producir to produce, utter, emit

producto product, wares

produjo preterite form of **producir**, to produce

profesional professional; **asesino profesional** hit man, hired killer

profesor professor, teacher

profundamente deeply, soundly

profundidad *f.* depth

profundo, — a deep, profound

progresivamente progressively

progreso progress

prohibir to forbid

promesa promise

prometedor, — a promising

prometer to promise

pronto soon; **de pronto** suddenly

pronunciado, — a steep

pronunciar to pronounce

pronto quickly, soon; **tan pronto como** as soon as

propaganda propaganda

propiedad *f.* property; **título de propiedad** land title

propietario boss, owner

propio, — a one's own; one's self; proper; same

proponer to propose

propósito firm intention; plan, proposal

prosódico, — a stressed syllable

protagonista *m.* y *f.* chief player

protector, — a protective

proteger to protect

proteína protein

provechoso, — a profitable, advantageous

provenir to arise

provisión *f.* supplies

provisto de furnished with, gifted with

provocar to cause

proximidad *f.* nearness, proximity

próximo, — a next, near

proyector *m.* projector

prueba proof

psicólogo psychologist

púa: alambre de púa barbed wire

publicar to publish

público audience, observers; **en público** in public

público, — a public

Puebla a large city in central Mexico

pueblo town; people

puente *m.* bridge; **cabeza de puente** bridgehead

puerta door, doorway

puerto port, harbor

pues well, then

puesto place, spot; market stall

puf tsk, huh

pufft (imitation of the sound of a can of beer being opened)

pugnarse to fight

pulgar *m.* thumb

púlpito pulpit

pulso pulse

puntapié *m.* kick

puntillas: ponerse de puntillas to stand on tiptoe

punto point; **estar a punto de** to be about to **punto de vista** point of view

puñado handful

puñetazo punch, jab

purgante *m.* laxative

puro, — a pure

Q

¿qué? what?

¡qué! how !

¿qué tal? How goes it? How're you doing?

quebrar to go bankrupt

quedar to remain, end up, be left

quedarse to stand still, remain, stay

quejarse to complain

quédatelo keep it

quemar to burn, consume

quena andina bamboo flute (of the mountain people)

querer to want, wish, desire; **querer decir** to mean; **de haberlo querido** if I had wanted to;

querés (regional form of **quieres**)

quetzal *m.* monetary unit of Guatemala

quien who; **a quien no debía** the wrong person

quietud *f.* stillness

químico, — a chemical

quinina quinine

quinto, — a fifth

quitar to take away, remove; **no hay quien se lo quite** that's for sure

quitarse to take off (clothes, for example)

quizá, quizás perhaps, maybe

R

rabiar: hacer rabiar to tease

raciocinio process of thought

racional rational

racionalización *f.* rational design

radical radical

radicalmente radically, deeply

radio radio

raíz *f.* root

ralear to thin

rama branch, bough

ramo hand (branch of bananas)

ranura slot

rápidamente quickly

rapidez *f.* speed, quickness

rápido, — a quick; rapidly

raquítico, — a stunted

rascar to scratch

rastro trace

rato while; **a ratos** intermittently

raza race

razón *f.* reason

reacción *f.* reaction

reaccionar to react

reaccionario, — a reactionary

reacio, — a reluctant

real real; royal

realidad *f.* reality

realizar to carry out

realmente actually, really

reaparecer to reappear

rebelde *m.* rebel; rebellious

rebozo shawl

rechazar to reject

recibir to receive, meet

recientemente recently

recinto hall, place

reclinable reclining (chair, for example)

recobrar to recover, win back

recodo bend

recoger to pick, gather; to pick up

recomendar to recommend

recomenzar to start again

reconciliar to join together

recordar to remind; to remember

recuperar to recover, get back; to take back

recurso recourse

recurrir to resort

rechistar to complain, object, quibble

redoblar to intensify

redonda: a la redonda de around

reducido, — a limited, small

reducir to decimate, reduce

reemplazar to replace

referencia reference

referirse a (ie,i) to refer to

reflexión *f.* reflectiveness

reflexionar to think reflectively
reforma reform
refugiado, — a refugee
refugiarse to take refuge
refugio refuge
regañina scolding
regar to irrigate
región *f.* region
registrar to search (a house, for example)
regla: en toda la regla for real, honest-to-godness
regresar to go back, return
regreso return, the way back
reírse (irreg.) to laugh
reivindicación *f.* claim, request, demand
reja grillwork, (iron) gate
relación *f.* relation; relationship; **con relación a** with regard to
relajarse to relax
relativamente relatively
relato story, narrative, telling
relevante outstanding
religión *f.* religion
religioso, a religious
reluciente shining, sparkling clean
remate *m.* sale, liquidation, auction
remediar to remedy, put right
reminiscente reminiscent
remontarse a to go back as far as
remordimiento remorse
remoto, — a remote, distant
remover to stir up
rendimiento return (on investment)
renovar to recommence, begin again
renta: renta per cápita annual per capita income
repantigarse to settle (into a chair)
reparto distribution
repente: de repente suddenly
repetición *f.* repetition
repetir (i,i) to repeat, resume
reportero, — a reporter
representante *m.* y *f.* representative
representar to perform; to represent
representativo, — a representative

represión *f.* repression
requetesabroso, — a delicious
resbalar to sweep over
rescoldo smoldering fire
reserva reserve
residencial residential
resignarse to resign one's self
resistencia resistance
resistente resistant
resonancia resonance
respectivamente respectively
respecto a with regard to
respetar to respect, show respect
respiración *f.* breath, respiration
respirar to breathe
responder to respond
responder a to result from
responsabilizarse de to take responsibility for
responsable *m.* y *f.* responsible person
respuesta reply
restante: lo restante everything else
resto(s) remains
resultado result
resultar to finally be
resurrección *f.* Resurrection
retablo tableau
retener to retain, remember
retorcer to twist, spin
retransmitir to broadcast
retrasado, — a retarded
retroceder to pull back
retroceso retrogression
reunión *f.* meeting, gathering
reunir(se) to gather
revelador, — ra revealing
revisión *f.* revision
revolicar to make a mess of
revolucionario, — a revolutionary
revolución *f.* revolution
revólver *m.* revolver (firearm)
revulsivo counter-irritant
rezar to pray
Ricky an Anglicized nickname for Ricardo
rico, — a rich, abundant

riendas reins
rifle *m.* rifle
riguroso, — a severe
rincón *m.* corner
río river; río abajo downstream
riqueza wealth, riches
risa laughter
rítmico, — a rhythmic
ritmo rhythm
roca rock, boulder
rocío dew
rockero, — a rock musician
rodear to surround
rodilla knee; de rodillas on his knees; cayendo de rodillas dropping to his knees
rogar (ue) to pray; to beg
rojo, — a red
romper to break
romperse to get broken
ropa clothing
ropita little clothing outfits
rostro face
rótulo sign
rozar to rustle
rudimentario, — a rudimentary
rueda wheel
ruina wreck
rumor *m.* rumor
rural rural, country
rutina routine

S

sábado Saturday
saber (irreg.) to know, be aware, find out; to know how to, be able to
sabés (regional form of sabes)
sabotaje *m.* sabotage
sabroso, — a delicious
sacá (regional form of the imperative saca)
sacar to take out, pull out, reveal, show; to stick out (one's tongue)
sacerdote *m.* priest
saco sack

sacro, — a holy, blessed
sacrificio sacrifice
sacudir to shake
salario wage
salir to come out; to depart; salir al encuentro to come out to meet; salirse con la suya to have one's own way, to get what you want
salite (regional form of the imperative sal, or salte [from salir])
salsa salsa, sauce
saltar to jump; to blow up; to shatter
salud *f.* health, hygiene
saludar to greet; to salute
saludo salute
salvación *f.* salvation
salvadoreño, — a Salvadoran
salvaje wild
salvar to save
sandía watermelon
sandinistas Nicaraguan political movement named for César Sandino
sangre *f.* blood
sanguijuela leech
sanitario, — health-related
sano, — a healthy, vigorous
santificado, — a hallowed
satisfecho, — a satisfied, contented
sea: o sea that is ya sea either
seco, — a dry, without water
secreto secret
secreto, — a "classified", confidential
sector *m.* area, part, region
seguir (i) to follow, come next, continue
según according to; según que depending on whether
segundo second (1/60 of a minute)
segundo, — a second
segundón second-born son
seguramente surely
seguridad *f.* assurance, security; certainty; barra de seguridad locking pin
seguro protection money

167

seguro, — a certain, sure
selva jungle
semana week
sembrar to sow (seed)
semejante such a
semibestia half-animal
semilla seed
sencillamente simply
sencillo, — a simple
senda path
sendero path
seno bosom
sensación *f.* sensation
sensato, — a meaningful
sensibilidad *f.* sensitivity
sentado, — a seated
sentarse to sit down
sentate (regional form of the imperative siéntate)
sentido sense, meaning; feeling; sentido del humor sense of humor
sentir (ie,i) to feel; to regret, to be sorry for; sentirse (+ adjective) to feel
seña sign, gesture
señal *f.* indication, sign
señalar to point (out)
señor: gran señor great gentleman
separado, — a separated
separar to separate
separarse to step aside, move apart
sequía drought
ser *m.* being (human or animal)
ser (irreg.) to be
serie *f.* series
seriedad *f.* seriousness, soberness
serio, — a serious; ir en serio to "mean business"
serpenteante winding, twisting
servir (i) to serve
severidad excessive cruelty
sevicia extreme violence
si if
sí indeed, in fact, yes sí que indeed
sí one's self; itself; themselves; para sí to himself

siempre always, ever; siempre y cuando provided
siglo century
significar to signify, mean
signo sign, indication
siguiente following; next one, next; al día siguiente (on) the next day
silbar to whistle
silbato referee's whistle
silencio silence
silencioso, — a quiet
silogismo syllogism
silvestre wild
sillón *m.* armchair
símbolo symbol; símbolo legitimador hallmark
simiano, — a simian, of monkeys
simple ordinary, plain
simplista simple, simple-minded
sindicato labor union
singular unusual
sino but; no . . . sino only
sinuoso, — a winding, twisting
siquiera even; ni siquiera not even
sin without; sin embargo nevertheless
sirena siren
sirviente, — ta servant
sistema *m.* system
sistemático, — a systematic
sitiar to besiege
sitio place; siege
situación *f.* situation
situado, — a located
sobrar to be left over
sobre on, upon, over; about
sobreponerse a to overcome, rise above
sobresaltado, — a startled
sobrevivir to survive
social social
socialista *m.* y *f.* socialist
sociedad *f.* society
socio-econmico, a socio-economic
¡socorro! help!
sol *m.* sun; sol de justicia hot sun, burning sun

solamente only
soldado soldier
soledad *f.* loneliness
soler to be in the habit of
solidario, — a solidary, mutual
solo, — a alone
sólo only
solución *f.* solution
sombra shadow; darkness, ignorance
sombrero hat
sombrío, — a dark, gloomy, baleful
Somoza Nicaraguan dictator removed from power in 1979
sonar to make a noise, clink
soñar con to dream of
sonido sound; **efecto de sonido** sound effect
sonoro, — a: banda sonora sound track tape
sonreír to smile
sonrisa smile
soñadoramente dreamily
soportar to withstand
sordo, — a deaf, dull
sordomudo deaf mute
sorprender to take by surprise
sos (regional form of **eres**)
sospecha suspicion
sostener (irreg.) to hold
sostenerse (irreg.) to hold one's self up
sótano cellar, basement
soviético, — a Soviet
subdesarrollo under-development, backwardness
subí (regional form of the imperative **sube**)
subir to rise, go up; to get louder; **subir a** to get into
súbitamente suddenly
subsiguiente subsequent
subsistir to last
subsuelo subsoil
subversivo, a subversive
suceder to happen, occur
sucesión *f.* succession to the throne
sucio, — a dirty

sudor *m.* sweat
suelo soil, earth, ground, floor, land
suelto: una palabra suelta a bit of news
sueño dream, illusion, hope
suerte *f.* luck; kind, sort; **echar a suertes** to draw lots
suficiente enough, sufficient
sufrido, — a suffering
sufrimiento suffering
sufrir to suffer
sugerir (ie, i) to suggest, give the impression
suicidio suicide
suizo, — a Swiss
sujetar to hold down, tie
sujeto subject (of an experiment)
sumergir to submerge
sumo supreme
superación *f.* upward mobility
superdesarrollo over-development
superior higher, superior
superviviente *m.* y *f.* survivor
suplicar to urge, implore
suponer to suppose; to involve; to represent
supremo, — a supreme
suprimir to eliminate, restrict
supuesto: por supuesto of course
supuesto, — a supposed, imaginary, fictitious
sur *m.* south
surcar to till (the soil)
surco furrow
surgir to come forth
suspiro sigh
sustituir to replace
susurro whisper
suyo, — a of his, of hers, of yours, of theirs
suyos: los suyos his family

T

tabaco: tabaco negro strong (black) tobacco

tabique *m.* partition
taburete *m.* stool
taco pad (of paper)
tacto sense of touch
tajo rip, tear
tal such; **tal o cual** this or that; **tal vez** perhaps, maybe
también also, too, as well
tampoco nor, neither
tan so
tanque *m.* military tank
tanto, a so much, such; **tanto — como —** both — and —; **entre tanto** meanwhile; **por lo tanto** therefore; **tanto por ciento** certain percentage
tapa opening, cover, top, lid
tapiar to wall in with stones
tarde *f.* afternoon, evening; **al caer la tarde** at nightfall; **por la tarde** in the afternoon
tarde late; **tarde o temprano** sooner or later
tarea task, job
teatro theater
techo roof, ceiling
tecnología technology
tele *f.* television
teléfono telephone
teletipo teletype machine
televisivo, — a televised
televisor *m.* television set
telón *m.* theater curtain
tema subject, matter
temblar to tremble
temer(se) to be afraid
temor *m.* fear
temprano soon, early; **tarde o temprano** sooner or later
tendencia tendency
tender a to tend to, be inclined to
tener to have, hold; **tener en cuenta** to bear in mind; **tener que** to be obliged to, have to; **tener miedo** to be afraid; **no tener vuelta de hoja** to make good sense
tenés (regional form of **tienes**); **aquí**

tenés take this
tensión *f.* tension
tentación *f.* temptation
tentar to try, attempt
tentativa attempt
tenue dim
teología theology
teoría theory
terapéutica therapy
tercermundista of the Third World
tercero, — a third
terminar to finish, end
término limit; **en primer término** upstage
terrateniente *m.* y *f.* landowner
terremoto earthquake
terreno terrain
terrible terrible
terror *m.* terror
terrorista *m.* y *f.* terrorist
tesón *m.* firm determination
testigo, — a witness
tetraciclina tetracycline
texto text
tiempo time; **al tiempo que** at the same time as
tienda shop; **tienda de víveres** food store, grocery
tierra land, ground, dirt
tiesto flower pot
tinieblas *f. pl.* darkness
Tío Sam Uncle Sam: the U.S. government
tipo kind, sort, type
tiradora slingshot
tirar to throw, toss; to shoot
tiro shot (of a gun)
título university degree, title; **título de propiedad** land title
tocar to play (an instrument); to touch; to reach; to play upon; **tocarle a uno** to be one's turn
todavía still
todo everything, all of it
todos everybody, all of us
tolteca *m.* y *f.* Toltec
toma snapshot, photo

tomar to take; to drink **tomar posiciones** to be important
tónico, — a stressed (syllable)
tono tone
tonto, — a stupid, foolish
tope *m.* bump
tornar a to do again
torpe clumsy, awkward, heavy
tortilla tortilla, corn cake, small cake
torturar to torture
torre *f.* tower, steeple
torrente *m.* torrent
total total
totalidad *f.* (the) whole (of)
tóxico, — a poisonous, toxic
trabajado, — a spurred on
trabajador, — a worker
trabajar to work
trabajo job, work, employment
tractor *m.* tractor
tradición *f.* tradition
tradicional traditional
traducir to translate
traer to bring, carry; to attract
tráfico traffic, trade
trago drink; **échate un trago** buy yourself a drink
traje *m.* clothing, suit of clothes
trance *m.* process
tranquilamente peacefully, quietly, calmly
tranquilo, — a relaxed; quiet
transformar to transform
transformarse (en) to turn into
transmitir to broadcast
transistor *m.* transistor
transoceánico, — a in the New World
transparencia slide photograph
tras after; behind
trasero backside, behind, rear end, buttocks; **patio trasero** back yard
traste: ir al traste to go down the drain
tratado treaty
tratar to treat; **tratar de** to try to, attempt; **tratarse de** to be a matter of

trato deal
través: a través de throughout, through, after
tremendo, — a enormous, tremendous
trepar to climb
trinomio three words linked together
triste sad
tristeza sadness
triunfo victory, win
tropa troop
tubo: tubo de escape exhaust pipe, muffler
tumba tomb
tumultuoso, — a loud, fervent
turno turn; **por turno** in turn

U

u (a form of o, used before o- or ho-)
¡uauh! whoa!
ubicuidad *f.* ubiquity
uh uh [hesitation]
¡uhh! ugh!
último, — a last, final; furthest; recent; latter
únicamente only
único, — a only, sole, unique; **lo único** the only thing
unidad *f.* unity
unido, — a united, joined together
uniforme *m.* uniform; **de uniforme** in uniform
unir(se) to unite; **unirse a** to join
unísono: al unísono as one person, together
universidad *f.* university
uno a person, one; "you"; **una a una** one by one
urbano, — a citified
urbe *f.* city
usar to use
Usigli, Rodolfo contemporary Mexican playwright
uso use
usted, ustedes you

Usulután name of a town
utensilios hand tools, utensils
Utrecht city in Holland

V

vaca cow; **vacas** cattle
vacaciones *f. pl.* vacation
vacilar (**en**) to hesitate (to)
vadear to wade across
vago, — a thready
¿vale? all right? okay?
valer to have value
valor *m.* bravery; value
valorado, — a asessed
valle *m.* valley
vano, — a vain
vapor *m.* steamboat
variado, — a diverse, varied
variante *f.* variation
variedad *f.* variety
variopinto, — a irregularly colored
varios, — as several
vaso cup, vase
vecino, — a neighbor, neighboring
vela candle
velocidad *f.* speed; **a toda velocidad** at full speed
vemos: nos vemos (from **ver**) see you later
vencedor victor
vencer to overcome, conquer, defeat, triumph
vencido, — a vanquished
vender to sell
vendedor, — ra vendor
vengarse to take revenge
vení (regional form of the imperative **ven**)
venir (irreg.) to come
venta sale, selling
ventaja: de ventaja as an advantage
ventura good fortune, blessing
ver to see; **verse** to be observed; **a ver si . . .** just in case . . .; **nos vemos** see you later
verano summer

veras: de veras really, truly
verdad *f.* truth; **¿verdad?** isn't that right?; **a la verdad** really, actually
verdadero, — a real
verde green
verdura green vegetable
verja fence, gate
vertiginoso, — a dizzy, very rapid
vestido dress, frock
vestir (**i**) to wear
vestuario costume, costumes
vez time, instance; **una vez** once; **a veces** at times; **tal vez** perhaps, maybe; **una vez más** once again; **otra vez** again; **de una vez** once and for all; **de vez en cuando** from time to time; **cada vez más** more and more; **en vez de** instead of
viajar to travel
vibración *f.* vibration
víctima victim
victoria victory
vida life; **con vida** still alive
vidrio glass
viejo, — a old; old person; pal, buddy, "my friend"
vientre *m.* womb
viernes *m.* Friday
vigilancia vigilance
vigilar to be on guard
vigorizarse to be strengthened
vinculado, — a linked
vincular to connect, make dependent
vínculo link
vino wine
violación *f.* rape
violar to rape; to violate
violencia violence
visera eyeshade, visor
visiblemente clearly
visita visit
vislumbre *f.* glimpse, hint, touch
vista view; **a ojos vista** right before your eyes; **hasta la vista** so long; **perderse de vista** to fade from sight **punto de vista** point of views, perspective

viveza liveliness
vivienda(s) housing
vivir to live, reside
vivo, — a alive; lively, life-like
vocabulario vocabulary
vocal *f.* vowel
vocal of or with the voice; **inervación vocal** voice production
vocalizar to imitate with one's voice
volandas: **llevado en volandas** carried aloft
volar to fly
volcán *m.* volcano
volcánico, — a volcanic
voltear to twirl
volumen *m.* volume, size; **a todo volumen** full-blast
voluntad *f.* will, courage; **fuerza de voluntad** will power
volver (ue) to come back, return, go back; to restore; **volver(se) a** + inf. to do something again; **volverse** to turn, turn around; **volverse loco** to go mad
vos (a regional pronoun form) you
votante *m.* y *f.* voter
votar to vote
voto vote
voz *f.* voice
vuelta: **dar una vuelta** to take a complete look; **tener vuelta de hoja** to make good sense; **darse la vuelta** to turn around
vuestro, — a your

W

winchester *m.* Winchester rifle

X

x the letter x

Y

y and
ya now, already; **ya no** no longer; ¡**ya no más!** that's enough! **ya que** since
yopará leftover food
yute *m.* jute fiber
YSAX call letters of Archbishop Romero's radio station
Yzur [proper name]

Z

zacate *m.* dried cornstalks
zinc *m.* zinc
zona neighborhood, section, area, zone
Zumárraga early Spanish defender of Native American rights

173

We gratefully acknowledge the assistance of Marcia Olander, Bonnie Stearns, Martha Raines, and Stevens Graphics in the preparation of this book. We also thank:

BRANDT & BRANDT Literary Agents, and
CARLOS FUENTES for permission to include excerpts from "High Noon in Latin America".
JOAN JARA for permission to include songs of the late Victor Jara.

Photo credits: Jim Sielicki

The cartoons on pages 102 and 103 by the Spanish cartoonist Miguel A. Perez Oca.

Newspaper headline & type montages by Peter Gould, gracias a **BARRICADA**, Managua, Nicaragua; and **EXCELSIOR**, Mexico City.

Peter Gould and Stephen Stearns, "**Gould & Stearns**," live in Vermont. They have been creating and performing plays, songs, comedies, and stories together since 1980. In addition to touring with "**A Peasant of El Salvador**," they have travelled the United States, Canada, Great Britain, Mexico, and Honduras with their comedy work. Gould & Stearns represented the United States at the 1980 Mexican-International Mime Festival, they toured southern Great Britain with "**Peasant**" in 1983 as part of the Greater London Council's "International Year of Peace," and toured Honduras in 1987 as official ambassadors from Vermont, under the auspices of Partners of the Americas. Their newest original drama, the comic "**Gould & Stearns in a Cheap Motel**" had its world premiere performances at the Julliard Theatre in New York City, as part of the 1991 Lincoln Center Institute for Teaching the Arts.

The English-language edition of "**A Peasant of El Salvador**," published by Whetstone Books, is available from

> **Gould & Stearns**
> **44 Hillcrest Terrace**
> **Brattleboro, Vermont 05301**

A Gould & Stearns performance in 1988 inspired **José Martí**, Professor of Spanish at Lawrenceville School, and **Robert Russell**, Professor of Spanish at Dartmouth College, to undertake the Spanish translation.